KB108726

우주의 시작과
하드보일드
138억 년의 우주론

우주의 시작과 하드보일드

발행일	2018년 7월 20일		
지은이	조 현 일		
펴낸이	손 형 국		
펴낸곳	(주)북랩		
편집인	선일영	편집	권혁신, 오경진, 최승헌, 최예은, 김경무
디자인	이현수, 김민하, 한수희, 김윤주, 허지혜	제작	박기성, 황동현, 구성우, 정성배
마케팅	김회란, 박진관, 조하라		
출판등록	2004. 12. 1(제2012-000051호)		
주소	서울시 금천구 가산디지털 1로 168, 우림라이온스밸리 B동 B113, 114호		
홈페이지	www.book.co.kr		
전화번호	(02)2026-5777	팩스	(02)2026-5747

ISBN   979-11-6299-210-4 03110 (종이책)   979-11-6299-211-1 05110 (전자책)

이 도서의 국립중앙도서관 출판예정도서목록(CIP)은 서지정보유통지원시스템 홈페이지(http://seoji.nl.go.kr)와
국가자료공동목록시스템(http://www.nl.go.kr/kolisnet)에서 이용하실 수 있습니다.
(CIP제어번호: CIP2018021522)

(주)북랩 성공출판의 파트너

북랩 홈페이지와 패밀리 사이트에서 다양한 출판 솔루션을 만나 보세요!

홈페이지 book.co.kr   •   **블로그** blog.naver.com/essaybook   •   **원고모집** book@book.co.kr

우주의
시작과
하드보일드

북랩 book Lab

땅도 없었고 위로는 하늘도 없었으며 입 벌린 골짜기가 있었으나 풀포기는

어디에도 없었었느니라. (…) 공허의 북쪽과 남쪽으로 니플헤임과 무스펠헤임이라는

서리의 세상과 불의 세상이 있었다. 무스펠페임에서 나온 열기는 니플헤임의 얼음을

녹였고 그 물방울에서 이미르라는 거인이 나왔다.

- 1220년경 아이슬란드 귀족 스노리 스퉤를뤼손^{Snorri Sturleson}이 수집한

고대 북유럽의 신화집『신 에다^{Edda}』중 와인버그의 '최초의 3분'으로부터 재인용

그때에는 비존재非存在^{non-existence}도 존재^{existence}도 없었다.

공간의 영역도 그 너머의 하늘도 없었다.

무엇이 움직였을까? 어디에서?

- 기원전 1700년 인도 브라만교 경전『리그베다^{Rigveda}』의 창조의 찬가^{Creation Hymn}

나는 호두껍질 속에 갇힌 무한공간無限空間의 제왕이다. 악몽만 꾸지 않는다면….

- 셰익스피어의『햄릿』중 제2막 제2장

글의 순서

1. 이 모든 것은 어떻게 시작되었을까

.

오늘도 눈이 덮인 험한 들판을 달리느라 숨이 가쁜 우리의 먼 조상은 해가 뉘엿하게 기울자 크게 한숨을 내쉬고는 보금자리 동굴을 향해 무거운 발걸음을 옮깁니다. 오늘은 어제와 달리 일진이 좋지 않아 사냥감도 찾지 못하고 채집한 과일도 땅에 떨어진 지 한참인지 상한 것 같습니다. 비릿한 향내는 자신의 땀냄새인지 발효되는 사과 향인지 구분이 안 되지만 그저께 먹었던 썩은 사과는 맛이 그리 나쁘지 않았습니다. 이상하게도 피곤한 몸의 고통이 흐릿해지고 기분도 좋아지는 듯했기 때문입니다. '아내와 의논해보고 사과를 일부러라도 썩혀 먹어 볼까?' 습기 차 눅눅한 동굴의 문간에 앉아 사냥으로 피곤한 몸을 누이고 타오르는 모닥불의 희미한 열기에 손가락 뼛속 깊이 스며든 냉기를 녹이는 먼 옛날의 선조를 상상해 봅니다. 비바람을 피해 동굴로 숨어들어 간 선조는 막간의 휴식을 취하며 내일 나갈 사냥 준비에 바빴을 겁니다.

별다른 생각 없이 고개를 들어 내일의 날씨를 점쳐 보려 합니다. 내일도 들판을 뛰며 창을 휘둘러야 하니 함박눈이 더 이상 내리지 않았으면 좋겠다는 기원을 할지도 모르겠습니다. 요즈음 약탈이 심한 호모사피엔스들이 자신의 동굴을 찾지 못하도록 동굴 입구를 위장하고 사냥의 운을 기원하는 벽화를 그려보기도 합니다. 아마도 오늘날 서울의 밤하늘과는 달리 각양각색의 별들과 은하수가 생생하게 빛나고 있었겠죠.
석기에서 기술을 발전시켜 토기를 구워 내기 시작한 선조는 점점 커지는
뇌의 용량 변화의 영향으로 여러 가지 생각에 머리가 아픕니다.

선조는 원시적이지만 지극히 철학적인 질문을 던지기 시작합니다.
강력한 창과 떼사냥으로 배고픔의 걱정이 사라지고 집단생활로 짐승의
공격으로 인한 공포에서 어느 정도 해방되자 밤하늘에 밝게 빛나는
무수한 빛덩어리와 따뜻하게 비추이는 커다란 동그라미에 대해 원초적인
물음이 스멀스멀 고개를 들기 시작한 겁니다. 그리곤 나름대로 자신이
던진 물음들에 그럴듯한 이야기를 만들어 봅니다. 마음에 드는 재미있는
이야기는 사냥 동료들에게도 손발 짓과 그림을 통해 전달해 보고도
싶습니다. 여러 가지 이야기를 만들어 보았지만 모든 이야기들의 근본적인
전제가 되는 물음 하나가 남습니다.

이 모든 것은 어떻게 시작되었을까?

어떤 선조는 별로 가득한 밤하늘을 보며 '도대체 이 모든 빛의 점들은
어떻게 시작되었으며 앞으로는 어떻게 될까…' 하고 궁금해하지

않았을까요? 까만 밤하늘의 별을 올려다보던 선조들이 어떤 생각과 감상을 가졌을지는 상상할 수도 없을 듯합니다. 우주를 만드신 조물주에 대한 숭고였을까요? 빛과 색으로 넘쳐나는 세상에 대한 경외였을까요? 어쩌면 생각에 생각을 거듭하다가 숭고와 경외를 넘어서는 호기심이 발동했을지도 모르겠습니다. 1897년 고갱의 유명한 말년 작품 〈우리는 어디에서 왔는가, 우리는 누구인가, 우리는 어디로 가는가〉에 표현되어 있는 세 여인과 아이, 과일을 따는 남자, 죽음을 앞둔 노파의 이미지가 떠오릅니다. 과거의 발생과 현재의 아이덴티티, 그리고 우리의 미래 예상이 모두 한 폭의 그림에 표현되어 있는 거장의 이야기에서도 물음의 시작은 '창조와 발생'입니다. 우리는 다만 고갱의 질문을 '우리'에서 '우리우주'로 치환하면 되겠군요. 이 세상은 무엇으로 만들어져 있을까? 어떤 재료로 어떻게 연결되어 있을까? 근원을 묻는 이 질문Big Question은 하루 종일 무거운 창을 들고 사냥감을 쫓던 선조가 네안데르탈인의 상상력을 동원할 유일한 기회였을지도 모르겠습니다.

'이 우주가 어떻게 시작되어 오늘 우리가 올려다보는 하늘이 되었으며 앞으로 어떻게 변할까?'를 궁금해하는 학문이 '우주론宇宙論'입니다. 오랜 인류 역사를 거치면서 수많은 철학자들이 이 질문에 나름대로의 그럴듯한

답을 내어 왔습니다. '답'이라는 표현이 어색할지도 모르겠습니다. 오랜
시간이 흐르면서도 이 질문에 대한 구체적인 '답'은 구할 수 없었고 가설을
실증할 도구도 존재하지 않았기에 '답' 대신 '이야기'를 생산해 내는 것이
'근원본질적 물음'에 대한 유일한 대처였습니다. 근대를 넘어 최근에
이르기까지도 이 질문에 대한 '답'은 철학자나 과학이 아닌 철학만이
답할 수 있다는 믿음이 팽배했었습니다. 오랫동안 우주 생성의 질문은
신학神學의 영역이었습니다. 최근, 아주 최근에 들어서야 일군의 과학자들이
이 문제들을 과학의 영역에 끌어들여와 그야말로 그럴듯한, 다르게
말하면 상당한 설득력을 갖춘 이론 체계의 형식으로 제안하고 있습니다.
이 일군의 과학자들의 연구 영역을 과거의 점성술과 신학의 영향으로
논리와 관측을 통한 검증을 갖추지 못했던 '중세우주론'과 구별하여
'현대우주론現代宇宙論'이라 부릅니다.

우리 인류는 밤하늘을 올려다보던 네안데르탈인과 사냥을 즐기던
호모사피엔스 선조처럼 스스로 질문을 던지고 스스로 답하는 게임을
즐기는 종입니다. 게임의 규칙은 관찰을 통해 얻은 데이터를 기반으로
가설을 세우고, 이 가설을 검증하여 참으로 밝혀지면 이에 기반하여 이론을
세우고 다시 가설을 세우며 거짓으로 밝혀지면 이 가설을 포기하고 다른

대체 가설을 세우는 방식을 취하고 있습니다. 질문 형식의 가설과 해답
형식의 검증이 반복되는 구조를 띠고 있죠.

던지는 질문과 맞받아치는 답도 창의력 넘치는 다양한 형식을 띱니다.
호기심의 수준을 넘어선 누군가는 세상의 안정성에 의심을 가지게 될지도
모릅니다. 혹시 하늘이 무너지지는 않을까? 기우杞憂? 땅을 떠받치고 있는
수만 마리의 코끼리의 힘이 다하면 땅도 무너지지 않을까? 이 질문에는
이 세상이 탄생과 멸망을 영원히 거듭하는 영겁회귀永劫回歸적인 구조를
가진다는 인도의 우주 탄생 신화가 가장 심오한 이야기적 결론이었을지도
모릅니다. 하지만 참신한 상상의 결과였을 뿐 검증을 거친 답은
아니었습니다. 심지어 가설과 검증의 의미를 오해하고 신화를 답이라 믿는
신심 깊은 사람들도 본능적으로 이 모든 가설이 검증되기 전까지는 이 모든
이야기가 잠정적인 결론이라 믿었을 겁니다.

답을 찾을 수 없는 질문에 대해 답을 내려는 작업이 시간낭비라는 결론에
도달한 사람은 모든 사유를 멈추고 땅을 내려다보았습니다. 보다 실제적인
물음과 답을 찾기 위해 하늘을 올려다보는 일을 그만두게 된 것이죠.
이들은 원소들을 섞어 연기와 열이 발생하고 전혀 새로운 원소가 생성되는

과정을 흥미롭게 관찰하고 기록하며 지식을 축적하였습니다. 원소의 발생과 합성을 발견한 화학자들이 하늘을 올려다보는 우주론자들과 눈을 마주치고 코스모스의 생성을 논하는 먼 미래의 일을 상상이나 할 수 있었을까요? 하늘 보기를 멈추지 않고 답을 찾으려는 사람들은 '우주론'이라는 이야기 체계를 만들고 물음과 답을 신화와 철학의 영역으로 확장합니다. 그러나 우주론의 논의와 사유는 오랜 세월 과학의 영역으로는 확장되지 못했습니다. 과학은 관찰과 가설과 검증의 연속으로 이루어지는 엄정한 이론 체계인 만큼 충분한 해상도의 관측이 필수적입니다. 이러한 필수 과정이 이루어지지 못한 오랜 암흑기 동안 우주론은 그저 개인적 혹은 집단적인 상상력의 나래를 반영하는 장대한 픽션에 지나지 않았습니다.

상당한 시간이 흐르고 나서 점성술에서 본격적인 과학 분야로 발전한 천문학 분야에서의 관측의 해상도가 개선되면서 우주론에서 던져지는 물음에 대해 정합적이자 논리적인 답을 추구하는 길이 열립니다. 이 시점에서 우주론은 더 이상 신화와 철학의 영역에 갇히지 않고 과학의 방법론을 적용할 수 있는 장으로 확장됩니다. 이 국면에서 우주론의 각론各論이라고도 할 수 있는 천문학 분야가 과학적이고 실증적인 방법론을 적극적으로 수용하였다는 사실이 돋보입니다. 망원경의 해상도

확보에 의한 천문학의 발전과 수학적 테크닉의 발전을 통한 물리학 분야의 진보가 상호관입相互貫入하면서 우주물리학이라는 하이브리드를 생산합니다. 이 과정에서 천체물리학의 관측 결과의 정밀 분석을 바탕으로 이론물리학이 가설을 세우고 다시 이 가설의 검증을 천체물리학에 요구하는 선순환적인 피드백 구조가 완성되었습니다. 이론물리학은 천문학으로부터의 데이터 해석을 통해 물리 법칙을 만들고 천문학은 이 법칙을 통해 우주의 운행을 예측하며 이 예측을 관측합니다. 이리하여 오늘날 우리가 하늘을 올려다보고 목도하는 우주의 운행 메커니즘과 우주의 형식을 관측과 물리법칙의 과학적 순환구조를 통해 이해할 수 있었습니다. 하지만 우주론의 가장 근원본질적인 문제였던 '우주의 발생과 기원에 관한 문제'는 이론물리학의 해석과 천문학적 관측을 통해서도 여전히 요원한 물음과 답이었습니다.

기원전 600년경 탈레스Thales는 무nothing의 존재를 부인하였습니다. 무언가로부터 유有가 발생할 수 없고 사물들이 갑자기 이유 없이 무無로 사라져 버릴 리 없다고 생각했기 때문입니다. 무에 대해 생각하는 것이 무를 유로 만드는 걸까요? 무는 오직 그것을 생각할 사람이 없을 때에 한해 존재할 수 있다고 탈레스는 결론지었습니다. 탈레스는 모든 물질이

태고의 형태, 즉 대양의 물처럼 바뀌었을 때 공간이 가장 텅 빌 수 있다고
주장하였습니다.

곧이어 물이 근원본질이라는 잠정적인 귀결을 내놓았죠. 탈레스는
확실한 대답을 내놓을 수 없었지만 태고의 정수, 즉 '원물질原物質'이
어디에나 존재할 수 있다는 개념이 후대의 철학자들에게 계승됩니다.
헤라클레이토스Heraclitus는 '불'에 미쳐 있었습니다. 그는 불을 창조주인
신으로 간주했습니다. 아낙시메네스Anaximenes는 원물질의 편재성偏在性을
들어 공기라고 주장했고, 엠페도클레스Empedocles는 원물질의 개념을
공기, 물, 불, 흙의 4원소, 그리고 모든 공간을 채우는 에테르ether로
해석하여 4원소 에테르론을 내놓았습니다. 엠페도클레스는 일찍이
에테르를 하나에서 다른 하나로 영향력을 전파하는 매개라고 상상한
현대물리학의 선구자였다고도 볼 수 있겠군요. 아낙사고라스Anaxagoras는
우주의 창조를 질서가 무질서로부터 모습을 드러내는 방식이라 여겨 전체
구조는 변하더라도 기본 구조는 영구적으로 지속된다는 특이한 이론을
내놓습니다. 원자론atomism의 시초입니다.

에피쿠로스Epicurus는 레우키포스Leucippus, 데모크리토스Democritus와 함께

무에서 유가 창조될 수 있다는 가능성을 부정하면서도 원자론을 긍정하고 근원 본질의 기본 구조인 원자가 이동하기 위해선 어떠한 빈 공간이 필요하다는 특이한 이론을 내놓습니다. 진공 개념의 원조였을까요?

위대한 독일 관념론 철학자 임마누엘 칸트Immanuel Kant는 1755년에 저서 『천계天界의 일반자연사와 이론Universal History and Theory of the Heavens』에서 우주에 펼쳐져 있는 성운이 우리 은하와 대략적으로는 같은 크기의 원반이라 주장합니다. 대부분의 성운이 타원으로 보이는 이유는 이것이 우리와 비스듬한 각도를 유지하고 있으며 아주 멀리 떨어져 있기에 희미하게 빛나는 것이라고 생각하였습니다. 또한 칸트는 '시간과 공간이 유한한가 아니면 무한한가의 문제는 인간 이성을 초월한 문제'라고 결론지었더랬습니다. 얼핏 들으면 고고한 철학자가 형이상학적 문제에 대해 형이상학적인 결론을 피력한 것처럼 느껴지지만, 칸트 자신은 깊은 고민 끝에 내린 결론입니다. 칸트의 번뇌는 여기서 끝나지 않고 우주의 창조의 문제로 확장됩니다. 우주가 창조되었다면 창조 이전에 무한의 기다림이 있었던 이유는 무엇이었을까? 우주가 영원히 존재해 왔다면, 왜 일어나게 될 모든 일들이 이미 일어나지 않았을까? 역사가 종말에 다다르지 않은 이유는 무엇일까? 어째서 우주는 삼라만상의 온도가 동일한 열평형thermal equilibrium에 도달하지 않았을까? 어째서 모든 시공의 온도가 동일해져서 상변화가 일어나지 않는 정상 상태에 도달하지 않았을까? 칸트는 이러한 물음을 '순수이성의 이율배반antimony of pure reason'으로 정리합니다. 18세기 영국의 천문학자인 토머스 라이트는 천공의 별들이 한데 모여 거대한 원판을 만들고 있으며 우리 지구는 그 한가운데에 위치하고 있다는 가설을 세웠습니다. 갈릴레이가 망원경으로 이 가설을 실증하였고 칸트는 엄청난 돈을 들여 망원경을 구입한 뒤 라이트와 갈릴레이가 기술한 우주의 별들을 밤마다 찬찬히 올려다보았습니다. 칸트는 반짝이는 별들이 모여 섬을 이루고 있을 것이라 생각했고 먼지나 구름처럼 흐릿하게 퍼져 있는 성운들이 사실은 우리 은하나 태양계처럼 하나하나 원반 형태를 띤 시스템일 것이라고 주장하였습니다. 하지만 자신의 생각을 실증할 도구를 갖추지 못했던 철학자는 끝없이 펼쳐져 있는 우주의 시공을 관찰할 수는 없는 대상으로 간주하였습니다.

관찰할 수 없으니 사유할 수도 없을 것이라 생각한 칸트는 시공에 대한 사유가 이성을 초월한 문제라는 잠정적인 결론을 내릴 수밖에 없었던 것이죠. 이후에 논하겠지만 위대한 물리학자 아인슈타인은 직접 관찰할 수 없다 하더라도 수학적 사유를 통해 전체상을 상상해 볼 수 있다는 입장을 취합니다. 어찌 보면 칸트와 아인슈타인은 우주론적 입장에서 사유적인 대척점對蹠點에 있다고도 할 수 있겠군요.

우주는 한자어로 宇宙로 표기합니다. '우주'라는 단어의 부가적인 의미를 파고들자면, 宇는 천지天地, 좌우左右, 전후前後, 사방四方으로 펼쳐지는 공간을 의미하며 宙는 과거와 현재, 그리고 미래의 시간의 흐름을 의미합니다. 그러니까 '우주宇宙' 두 글자에 아인슈타인이 말한 시간과 공간, 즉 시공時空의 개념이 모두 녹아 있는 셈입니다.

물론 이 개념은 아인슈타인이 말한 시간과 공간이 한데 복합되어 있는 시공연속체時空連續體의 의미와는 조금 다릅니다. 복합複合과 연속連續은 개념상 엄연한 차이가 있으니까요. 하지만 의미상으로 우주가 단순히 공간만을 의미하는 것이 아니라 시간의 의미가 애초에 포함되어 있다는 사실은 돌이켜 보아도 재미있는 것 같습니다.

오랫동안 대부분의 과학자들은 우주론의 문제에 있어서 천문학과 우주물리학의 분야는 논의 대상으로 삼으면서도 우주의 시작에 대한 논의는 의식적으로 회피해 왔습니다. 아마도 우주 개벽開闢의 논의는 과학으로 풀 수 없는 문제라고 단정하여 논외로 하길 원했을까요.

우주의 진화 과정과 오늘날의 형상은 진지한 과학 연구의 대상이었지만
기원은 영원히 알 수 없을 것이라 예상되었기 때문입니다. 우주론에
있어서의 진화론과는 달리 개벽론은 오랜 공백기를 거치면서 다양한
물음과 잠정적인 해답은 공회전을 거듭합니다. 기발한 천재의 등장을
기다리며 누구도 우주론을 과학의 대상으로 삼으려 하지 않았습니다.
1916년 아인슈타인이 일반 상대성 이론에 기반한 장방정식을 손에 들고
우주론의 무대에 당당히 등장하기 전까지는 말입니다. 아인슈타인의
방정식은 비교적(?) 단순한 과정을 거쳐 방정식을 풀어낸 다양한 해解가
우주의 전체상을 예측하도록 도와주는 참으로 편리한 예측 체계입니다.
수식을 풀어 단순히 표현해 보면 이렇습니다.

(시공의 곡률)=(원주율×중력상수)/(광속)×(물질에너지와 운동량)-(우주항)

단순한 수식이지만 다양한 해를 유도할 수 있기에 무궁무진하고 유용한
방정식입니다. 1917년 덴마크의 천문학자 드 지터Willem de Sitter는
아인슈타인의 방정식에 대한 해를 발견합니다. 드 지터의 우주모델은

물질이 전혀 존재하지 않는, 특이하지만 가상적인 우주를 모델화하고 있었습니다. 실제로 우리가 관찰하고 있는 우주에는 수많은 별과 은하와 먼지가 가득하니 드 지터 모델은 어디까지나 수학적인 모델, 그것도 정지해靜止解로 이해되어야 했습니다.

아인슈타인과 친분이 있던 드 지터였기에 아인슈타인의 정적인 우주론에 반하지 않는 해를 풀어 내었고 당시 천문학자들에게서 큰 반향을 이끌어 낼 수 있었습니다. 오늘날의 우리는 드 지터의 해가 극히 추상적이어서 실제 우주와는 거리가 있다는 사실을 잘 알고 있지만, 당시엔 관측이 충분히 이루어지지 않았기에 다양한 해의 가능성을 고려해야 했습니다. 드 지터 모델이 이론상의 가치를 가지는 부분은 이 모델을 수학적인 시공 해석의 기반으로 삼을 수 있다는 점입니다. 완전하지는 않지만 어느 정도의 균일성을 기본 전제로 우주의 수학적 모델을 구축하려면 일단 '아무것도 존재하지 않는 시공'이라는 추상적인 전제가 필요하며 이때 드 지터의 해는 수학적인 베이스가 되기에 적합합니다. 물질은 존재하지만 인력과 우주척력(이후에 부정되기는 했습니다만…)이 균형을 이루어 정지 상태를 유지하는 아인슈타인의 우주모델과는 달리 아무것도 존재하지 않기 때문에 정지 상태가 유지되는 특이한 모델입니다. 드 지터 모델은 좌표를 변환시켜 시간의 지수함수의 비율로 우주의 시공이 무한히 팽창하도록 정의하는 조작도 가능합니다. 드 지터는 우주의 팽창, 특히 가속 팽창을 알지 못했지만 과학자들 사이에서는 이후의 관측에 의해 드 지터 모델이 오늘날의 우주의 수학적 모델이 될 수 있다는 기대가 부풀기도 했다는 후문이 있습니다. 또한 당시의 아인슈타인 해들 중에서도 드 지터 모델은 앞서 언급한 좌표 변환을 통한 시공 팽창을 도입하여 특이하게도 거리에 비례하는 적색편이를 예견할 수 있는 도구였습니다. 드 지터가 의도하지는 않았더라도 제1차 세계대전 중 적색편이가 관측되고 1922년 에딩턴이 아인슈타인 일반 상대성 이론에 관한 포괄적인 저술을 시작하면서 적색편이의 문제를 드 지터 모델을 기반으로 설명했는데 이때 드 지터 해가 대중에게도 크게 어필할 수 있었습니다. 1929년 허블이 적색편이와 은하 후퇴 속도의 비례 관계를 도출하면서 우주 확장의 해석의 기반을 제공했을 때에도 드 지터의 모델은 또다시 중요한 수학적 기반이 되었죠. 이 책의 주제와 직접 관계는 없지만 블랙홀 연구에 있어서의 시공의 왜곡을 다룰 때에도 드 지터 해가 적극적으로 응용된다니 이 모델의 잠재력은 가히 상상을 초월할지도 모르겠습니다.

1922년에는 드 지터에 이어 아인슈타인 방정식의 균질하고 등방적인 해가 러시아의 수학자 알렉산드르 프리드먼(1888-1925)에 의해 발견되었습니다. 현대우주론의 대부분의 시공 모델은 프리드먼 모델에 수학적 기반을 두고 있습니다. 다만 비교적 근래에 발견된 우주의 가속 팽창의 얼개가 프리드먼 모델에는 결여되어 있다는 단점을 안고 있습니다. 하지만 1920년대의 우주모델에서 2010년대에 발견된 가속 팽창의 메커니즘을 기대하는 일 자체가 무리한 욕심일지도 모르겠습니다. 프리드먼은 빅뱅 이론의 아버지 조지 가모프를 직접 가르친 선생님이기도 했습니다. 프리드먼은 우주가 정적인 상태이어야만 한다는 아인슈타인과 드 지터의 기본 전제를 거부했습니다. 프리드먼이 정적 해를 거부한 이유는 우주가 정적 상태라는 어떠한 관측 증거도 없었기 때문입니다. 관측에 의해 검증되기 전에는 모든 가능성이 열려 있다는 극히 과학적인 태도였습니다. 그러나 우주의 균질성과 등방성의 기본 전제는 그대로 유지하기로 하였습니다. 이론을 전개하기 위해 기본적인 전제와 조건은 필요했으니까요. 프리드먼 해는 정적 우주의 전제를 버렸기에 아인슈타인이 그토록 집착했던 우주항은 더 이상 필요치 않았습니다. 하지만 프리드먼은 모든 가능성을 타진하기 위해 우주항을 포함하는 해와 포함하지 않는 해를 모두 탐색했습니다.

프리드먼은 우주항을 포함하지 않는 해가 3가지로 분류될 수 있다는 사실을 발견했습니다. 먼저 닫힌 우주. 우주는 확장하지만 질량밀도가 워낙 높아 중력장에 의해 언젠가 확장을 멈춥니다. 이 모델은 최대 크기에 이르면 수축이 시작됩니다. 아인슈타인의 닫힌 우주와 거의 비슷한 양상을 띠게 되죠. 또 하나의 모델은 열린 우주. 이 모델 역시 확장을 계속하기는 하지만 질량밀도가 낮다는 이유로 중력장이 너무 약해서 확장이 멈추지 않습니다. 열린 우주의 기하학적 구조의 성질은 비-유클리드적이지만 닫힌 우주의 비-유클리드 기하구조와는 다른 형식을 띱니다. 닫힌 우주의 공간은 그 자체에 말려 들어가듯이 휘어진 '유한'의 공간을 만들어 내지만, 열린 우주의 공간은 그 자체로부터 벗어나듯이 휘어지는 '무한' 공간을 만듭니다. 마지막으로 닫힌 우주와 열린 우주의 경계선상의 우주모델. 사실 프리드먼은 이 모델에 대해선 자세히 설명하지 않지만 이 모델은 수학적으로는 닫힌 우주해와 열린 우주해의 극한값으로부터 유도됩니다. 닫힌 우주의 질량밀도를 최저값까지 억제하고 열린 우주의 질량밀도를 최대값으로 설정하면 얻어질 수 있는 해입니다. 영구확장하는 우주와 확장 이후 수축하는 우주의 경계선에서 얻어지는 세 번째 우주모델의 질량밀도를 '임계밀도'라고 부릅니다. 임계밀도는 허블상수의 제곱에 비례하는 것으로 알려져 있습니다. 허블상수를 기반으로 대강 계산해 보면 임계밀도는 1,000리터당 수소원자 3개 꼴로 추정할 수 있습니다. 이 모델에서의 공간은 열려 있지도 닫혀 있지도 않습니다. 완벽한 유클리드 공간이죠. 이러한 공간을 '평탄한 우주'라고 부릅니다. 평탄한 우주는 열린 우주와 마찬가지로 부피는 무한대이며 시간적인 변화도 열린 우주와 동일합니다. 이 우주도 크기 제로에서 시작하여 제한없이 커질 수 있으니 빅뱅 이론의 모델과도 닮아 있습니다. 프리드먼은 자신의 우주모델의 의미에 대해선 논하지 않았지만 사실 프리드먼 해는 모든 물질이 시간 제로에서 무한히 압축된 상태에서 시작되었다는 놀라운 결론을 도출해 냅니다. 이 도출된 결론이 빅뱅 우주론의 기초가 되었죠.

1970년 블랙홀 이론의 정립자로 유명한 영국의 물리학자 스티븐 호킹과 로저 펜로즈는 프리드먼의 우주모델을 발전시켜 보다 복잡한 우주모델을 완성시킵니다. 이들은 우주의 시간을 과거로 되돌려 보았을 때 우주공간이 어떠한 형상을 띠게 될지를 예상해 보았습니다.

호킹과 펜로즈는 일반 상대성 이론을 극한까지 밀어붙여 확장하는 우주를 과거로 되돌리면 점점 수축하여 마지막으로는 부피가 제로가 될 것이라 예상하였습니다. 부피가 제로인 점은 수학과 물리학에서 특이점singularity이라 불립니다. 이 점에서는 부피는 제로이지만 물질의

밀도와 온도는 무한대가 됩니다. 사실 말로는 쉽더라도 상상하기엔 그리 녹록지 않습니다. 하지만 실제 관측되기 힘들다 하더라도 수학적으로 도출된 타당한 결론이었습니다. 이를 '특이점 정리'라 부릅니다. 우주의 과거가 특이점으로 귀착된다는 정리는 물리학자들을 당황케 만들었습니다. 특이점에서의 물리학적 계산 결과에 따르면 밀도가 무한대가 되어 모든 물리법칙이 무너지고 말기 때문입니다.

이 때문에 만약 우주가 특이점에서 시작되었다고 한다면 우주가 탄생한 순간의 양상을 기존의 물리학을 동원하여 이해하고 해명하는 일이 근원본질적으로 불가능합니다. 하지만 이들이 제안한 특이점 정리는 어디까지나 일반 상대성 이론에 한정적으로 기반한 결론에 지나지 않습니다. 특이점 정리는 우주 개벽 찰나의 해명을 위해선 일반 상대성 이론만을 도구로 삼아선 부족하다는 교훈을 던질 뿐입니다. 그렇다면 개벽의 찰나의 해명을 위해 우리가 동원할 수 있는 또 다른 개념 도구는 무엇일까요?

일반 상대성 이론만으로는 개벽의 찰나를 고찰할 수 없습니다. 이 교훈을 힘들게 얻은 호킹은 양자론에 기대어야 한다고 결심합니다.

양자론의 불확정성원리에 의하면 미시적 세계의 자연계는 우리가 인식하기 힘든 극히 짧은 순간, 즉 10^{-20}초의 찰나에는 물질의 존재 자체를 확정할 수 없습니다. 무의 공간에서도 입자는 쌍생성과 쌍소멸을 거듭하고 있으니까요. 물리적 상태가 특정되지 못하는 양상을 양자역학에서는 '요동'이라 부릅니다. 상대성 이론에 의하면 에너지는 물질의 질량으로 전환될 수 있습니다. 때문에 순간적으로 높은 에너지를 가지는 공간에서는 그 에너지가 입자로 변환되어 입자가 생성되기도 합니다. 이 입자는 곧 소멸하여 원래 상태로 되돌아갑니다. 이러한 무의 공간에서의 입자의 쌍생성/쌍소멸과 마찬가지로 우주가 탄생하였을 당시에도 이러한 요동이 있었다고 생각됩니다.

우주의 크기가 10^{-33}센티미터 정도로 작은 크기였을 때는 우주의 존재 자체가 흔들리고 있었기에 우주가 생성과 소멸의 과정을 반복하지 않았을까 생각됩니다.

호킹은 개벽의 찰나에 무의 공간에서 입자가 생성되어 급팽창하는 우주로 전환되는 순간을 고찰하기 위해선 기묘한 시간 흐름을 필연적으로 고려하지 않으면 안 된다고 말합니다. 호킹은 여기에

'허수시간虛數時間'이라는 이름을 붙였습니다. 허수는 우리가 흔히 사용하는 실수와는 완전히 다른 성질을 가지고 있습니다. 실수는 제로 이외의 어떤 수를 제곱하여도 플러스가 됩니다. 하지만 허수는 제곱하면 마이너스 값이 나오게 되죠. 그렇다면 허수시간이 흐르는 세계는 실수시간이 흐르는 세계와는 판이하게 다른 성격을 가진다고 볼 수 있을 것입니다. 허수시간의 세계는 힘이 주어지는 물체의 운동 방향이 실수세계와는 정반대가 됩니다. 호킹은 이 상태를 우주 탄생의 순간에 적용합니다. 생성하고 소멸하는 우주의 씨앗이 급속팽창하는 우주로 전이하는 바로 그 순간 에너지 장벽이 사라지게 되고 우주의 씨앗은 급팽창하는 상태로 어렵지 않게 돌입할 수 있었습니다. 즉, 양자적 터널효과가 나타나기 위해서는 허수시간의 고려가 필요하다는 제안이었죠. 양자역학에서 터널효과를 계산할 때 허수시간의 개념이 빈번하게 등장하기는 하지만, 일반적으로는 어디까지나 계산의 테크닉에 지나지 않을 뿐 실제적인 개념으로는 사용하지 않습니다. 일반적인 시간의 흐름의 개념에는 허수시간계가 적용될 수 없기 때문입니다.

하지만 호킹은 터널효과가 일어나는 동안에는 초기 우주의 특수상황을 고려한 '허수시간'이라는 특수한 시간이 흐른다고 간주해야 한다고 주장합니다(보론 6 참조). 호킹은 일반 상대성 이론에만 의존하는 불완전한

우주 탄생 모델에 양자역학의 효과를 고려한 부가적인 과정을 첨가하여
진화된 모델을 제시하고 있습니다. 일반 상대성 이론에만 기반한
우주모델은 우주의 생성이 '특이점'이라는 하나의 점에서 시작되었다는
이론적 단순성의 장점을 가지고 있기는 하죠. 그러나 이 모델은
현대물리학의 기반을 흔들고 파탄으로 이끄는 물리 개념인 특이점을
기반으로 하기 때문에 우주 생성의 메커니즘을 해명하는 시도 자체가
불가능했습니다. 이에 호킹은 우주 탄생 찰나에서 특이점의 개념을
제거하려 합니다. 자신이 창안한 '특이점' 대신에 '허수시간'을 도입함으로써
기존의 물리학체계가 무너지는 파탄을 막아보려 했던 것이죠. 일반적으로
공간에서는 이동이 자유롭지만 시간은 과거에서 미래로의 '방향성'의
특이성을 가집니다. 호킹은 허수시간계에서는 시간과 공간이 서로 다른
특질을 가지지 않고 동일한 수학체계로 해석될 수 있다며 실수시간계에서의
시간과 공간의 이해가 허수시간계에서는 통용되지 않는다고 설명합니다.
즉, 과거, 현재, 미래의 시공간의 구분이 없어지게 되죠. 우주의 시작에서
공간과 시간이 동등하게 다루어 진다면 우주의 개벽은 계산불가능한
특이점이 아니라 허수시간계에서 시작되었다고 해석하려는 태도를
채용하여 골치 아픈 특이점 문제가 회피될 수 있었습니다. 우주의
시작이 특이점이 아니라 허수시간계에서 비롯되었다는 호킹의 가설을

'무경계가설'이라 부릅니다. 하지만 호킹의 허수시간계는 수학적으로 해석하기가 곤란하여 오늘날의 우주론자들은 그리 심각하게 고려하지 않는 듯합니다.

우주물리학자 알렉산더 빌렌킨Alexander Vilenkin은 '무無로부터 우주 탄생' 가설을 전자가 통과할 수 없는 에너지 장벽을 일정한 확률로 통과하는 '터널효과'로부터 도출해 내었습니다. 널리 알려진 양자효과 중 하나인 터널효과를 감안하면 무의 상태로부터 엄청난 포텐셜을 가지는 상태의 우주가 탄생할 확률이 제로가 아닙니다.

'어떠한 사건의 발생 확률이 제로가 아니다'라는 표현은 '사건이 일어날 확률이 극히 낮다 하더라도 충분한 시간이 주어지면 일어날 수도 있다'는 의미입니다. 호킹의 무경계가설에서는 언제인지 알 수 없는 어느 순간 허수시간의 시간축이 실시간축으로 변환되어 시간 구분이 발생한다고 설명합니다. 빌렌킨의 '무에서의 우주' 가설에서도 터널효과가 일어나는 순간 호킹의 허수시간축이 실시간으로 변환되었다는 입장입니다. 빌렌킨의 가설은 한참 후에 다시 설명할 기회가 있을 테니 일단 뛰어넘도록 할까요?

우주론은 1916년의 아인슈타인의 일반 상대성 이론과 1920년대의
양자역학의 눈부신 발전을 거쳐 1960년대의 표준 빅뱅 이론이 구축되면서
커다란 전기를 마련하게 됩니다. 드디어 우주 기원의 문제가 처음으로
진지한 과학의 대상이 된 것입니다. 빅뱅 이론의 제안으로 우주 개벽의
문제가 과학적으로 논의되는 바탕이 마련되면서 우주론이 하루아침에
신화에서 뜨거운 과학 이론으로 승격됩니다. 우리가 밤하늘을 올려다볼
때마다 목도하게 되는 아름답고 질서정연한 우주가 사실은 하나의
자그마하지만 엄청나게 뜨거운 점에서 시작하였다는 참신하지만 충격적인
가설입니다. 빅뱅 이론을 이야기할 때에는 '엄청나게'라는 부사를 연발할
수밖에 없군요. 사족으로 우주론의 기본 전제에 대해 조금 더 개인적인
의견을 피력하고 싶습니다.

앞서 칸트는 우주의 유무한有無限의 여부의 문제가 이성을 초월한 사유
대상이라 말한 바 있다고 언급하였습니다. 17세기 프랑스의 철학자이자
수학자인 블레즈 파스칼은 '끝이 보이지 않는 우주의 영원한 침묵이
나를 두렵게 한다'며 끝없이 펼쳐진 우주의 광대함에 감정적인 막막함을
피력합니다. 네안데르탈과 호모사피엔스 선조들은 하늘을 올려다보며
시공時空이 무한無限히 확장되어 있을 것이라는 사실을 감각적으로

예견했습니다. 무한과 영원의 개념을 확실히 부여잡지는 못했다 하더라도 한없이 이어져 있을 것이라는 상상을 하였을 것입니다. 우주론의 시작 지점에서도 우주를 사유의 대상으로 삼는 순간 우주의 무한성無限性을 개념적으로 포함시키지 않으면 안 되었을 것입니다. 하지만 여기에서 모든 문제가 시작됩니다. 본위감각적本位感覺的이자 직관적으로는 무한을 생각해 내고 느낄 수는 있지만 무한을 사유의 대상으로 삼는 순간 이 개념을 어떻게 다루어야 할지 당황스러워지기 때문입니다. 무한을 분석 대상으로 삼는 이론적 도구가 없기 때문이었죠.

관측할 수 있는 시공時空에서는 코페르니쿠스적 우주원리, 즉 우리가 우주의 중심이 아니라는 사유가 감각적으로는 이해되지만 무한시공이라는 무대에서는 우리의 지위를 도대체 어떻게 해야 할지 종잡을 수 없죠. 바로 여기에 우주론을 학문적으로 다루어야 할 과학자들의 거대한 벽이 도사리고 있었다고 생각됩니다. 엄밀한 과학 체계로서의 물리학은 언제나 대상물을 고립시켜 관측하고 외부와의 상호작용을 배제하는 가설에서 사유를 시작합니다. 하지만 우주를 과학의 대상으로 삼는 순간 '무한'이라는 넘을 수 없는 장애물이 사유의 진전을 방해합니다. 이후에 좀 더 설명할 기회가 있겠습니다만, 저는 우주론의 사유가 무한 사유를 포괄적으로 아우를 필요가 있다고 생각합니다. 점성술이 천문학으로 진화하고, 천문학이 물리학과 화학을 융합하여 우주물리학으로 확장되고, 우주물리학이 양자론을 흡수하여 양자우주물리학으로 변모해 가는 과정에서 논외로 해 왔던 무한성의 개념, 즉 개념수학에서 무한의 의미를 고찰한 칸토어의 '알레프aleph'를 우주론에서도 진지하게 다루게 될까요?

2. 견디지 못하게 엄청나게 뜨거울 테니까요

'태초에 아무것도 없었다. 그리곤 불현듯 나타난 작은 점에서 시작한
빅뱅이라 불리는 활활 타오르는 불덩이로부터 우주가 탄생한다….'

빅뱅 이론은 이렇게 황당하고 미치광이 같은 이야기를 출발점으로 하지만
이후 이론의 심화 과정과 관측 결과에 대한 검증을 바탕으로 점점 더
정합성을 띤 과학 이론으로 발전합니다. 138억 년 전 글자 그대로 아무것도
없던 그 어딘가에 갑자기 우리우주가 나타났습니다. 근데 이상하게도
갑자기 폭발적인 확장을 일으키고는 엄청나게 뜨겁게 달구어집니다. 이
엄청나게 뜨거운 상태를 물리학자들은 빅뱅Big Bang이라 부르기로 했습니다.
우리가 아는 원시적인 물질, 에너지, 공간과 시간, 힘의 근원이 이 순간
모두 갑자기 나타났습니다. 빅뱅이 일어난 직후의 우리우주는 아주 작은
부피였지만 엄청나게 뜨거웠습니다. 전자기 방사선이 아주 작은 입자들과
마구 뒤엉켜 있는 엉망진창 복잡한 형국이었죠. 오늘날의 우리우주에서는
상상도 할 수 없는 '엄청난' 상태였습니다. 불덩이가 급작스럽게 확장하면서
온도도 급격하게 내려갔습니다. 확장이 계속되면서 온도는 더욱 더
내려갔고 어떤 이유에서인지 이전엔 없었던 질서가 생기고 구조가 발생하기
시작합니다. 물질을 구성하는 기본 입자들이 차례차례 자리를 잡기
시작하고 제각기 서로 다른 특징적인 성질을 획득하기 시작했습니다.

입자들은 서로 뭉쳐 원자를 만들고 분자를 만들고 뭉치고 뭉쳐서 점점 커지더니 은하를 만들고 항성과 행성을 만들어 냅니다.

우리 지구와 호모사피엔스의 몸과 물리학 책과 핸드폰과 아이패드의 모든 구성 물질들이 모두 138억 년 전 빅뱅이 일어난 찰나에 만들어진 구조에 기반하는 그 기본 입자들로 이루어져 있습니다. 이어서 지구의 플랫폼을 기반으로 생명이 태어나고 진화하고…. 수많은 사람들이 태어나고 죽어 지구 표면의 흙에 묻히는 동안 어떤 사람들은 우주의 기원을 궁금히 여기고 고민하고 가만히 상상력을 발휘하여 기발한 아이디어들을 만들어 내고는 오랜 시간 동안 검증을 기다렸습니다.

다행스럽게도 오늘날의 물리학자들과 우주론자들은 오랜 고민과 실험으로 빅뱅이 실제로 일어났었다는 상당한 증거를 손에 넣었습니다. 그동안의 무던한 노력의 결과로 우주물리학자들은 우주 탄생의 찰나에서 오늘에 이르는 우리우주의 역사를 꽤나 자세히 기술할 수 있을 정도로 상세한 지식 체계와 설명 방식을 축적해 왔습니다. 하지만 이 체계와 방식은 근원적이자 태생적인 문제점을 가지고 있다는 사실이 간과될 수 없습니다. 어느 누구도 시간을 되돌려 빅뱅이 일어난 우주 개벽의 시점으로

되돌아가는 일은 불가능하며, 우주 개벽을 실험실에서 재현하는 일도
거의 불가능하고, 어떠한 실험 기제를 사용하더라도 직접적인 관찰이
원천적으로 불가능하다는 문제입니다. 과학 이론은 가설의 구축과 실험과
관측을 통한 검증을 통해 적정한 과학 이론으로서의 자격을 부여받습니다.
과학론을 원칙적으로 따지자면 관측과 실험을 통해 검증되지 못한
이야기는 어디까지나 가설의 수준을 벗어날 수 없습니다. 빅뱅 이론은
어쩌면 타임머신이 발명되어 138억 년 전으로 되돌아가 측정기구를
통해 확인하기 전까지는 영원히 가설의 수준을 벗어나지 못하는 운명을
타고났는지도 모르겠습니다.

상황이 이러하더라도 우리는 빅뱅 이론을 '빅뱅 가설假說hypothesis'이라
부르지 않고 '이론理論theory'으로 간주합니다. 비록 간접적이긴 하지만 이
간접적인 관측 데이터가 축적될수록 '빅뱅 가설'의 신뢰도가 높아져 누구도
빅뱅의 존재를 의심하지 않는 패러다임이 형성되었기 때문이죠. 솔직히
말하자면 오늘날의 물리학에서는 관측 및 관찰 대상에 대해 완전한 고립과
중립을 유지하며 직접적인 데이터를 얻는 일은 원칙적으로 불가능하다고
생각합니다. 어떠한 관측이 이루어진다 하더라도 그 행위는 대상에 영향을
가하지 않을 수 없기 때문입니다. 설사 타임머신이 발명되더라도 빅뱅

근처의 시간대로는 누구도 가고 싶지 않을 겁니다. 견디지 못하게 엄청나게 뜨거울 테니까요. 아니, 견디기 힘든 정도가 아니라 물질의 구성과 더불어 존재가 분해되어 버릴 테니 말입니다.

3. 시간 흐름을 거슬러 시계가 '0'을 가리키는 시점이
반드시 존재하여야만 합니다

오늘날 우주 생성을 타당성 있게 설명할 수 있는 이론 체계는 빅뱅 이론이라는 데에 이견이 없을 터이지만, 오랫동안 패러다임의 주도권을 둘러싼 또 다른 유력한 후보가 있었다는 사실을 잊어서는 안 되겠습니다. 1940년대의 허먼 본디Herman Bondi, 토머스 골드Thomas Gold, 그리고 약간 다른 형식으로 프레드 호일Fred Hoyle이 제안한 이론으로서, 정상 우주론steady-state model theory이라 불립니다. 빅뱅모델과 패러다임 경쟁을 벌였던 정상 우주론도 상당한 기간 동안 많은 천문학자와 우주론자들의 지지를 받은 바 있으며, 나름대로 그럴듯한 정합성과 논리적 타당성을 갖추고 있었습니다. 따라서 개벽을 보다 심층적으로 이해하기 위해 빅뱅 이론이 가설의 수준이었으며 정상 우주론과 치열하게 경쟁하던 시절의 이야기를 통해 두 가설을 비교해 가면서 설명하는 태도가 의미 있다고 생각됩니다.

빅뱅 이론은 물리학자 가모프George Gamow, 르메트르, 프리드먼에 의해 아인슈타인의 일반 상대성 이론과 우주방정식으로부터 유도된 모델입니다. 이 모델에 따르면 우리우주는 138억 년 전 단 한 번의 우주 창조의 순간이 있었으며(물론 우주의 나이 138억 년은 이후의 정밀 관측에 의해 확인되었으며 당시에는 정밀한 우주 연령을 구할 수 없었습니다) 그 직후부터 급속한 확장을 일으켰습니다.

천문학자 허블은 은하가 우리 지구로부터 후퇴하고 있다는 사실을 발견하여 우주가 확장하고 있다는 사실을 확인하였습니다. 허블의 우주 확장의 발견은 우주론의 심오한 질문들을 통합하고 정리하여 이론화하는 방아쇠가 되었습니다. 가모프와 알퍼Ralph Alpher는 1948년 빅뱅 이론을 기반으로 오늘날 우주에 존재하는 수소와 헬륨의 존재 비율을 설명할 수 있다는 사실을 증명하였습니다. 가모프와 알퍼의 이 논문이 본격적인 빅뱅 이론의 시작이었다고 보아도 무리가 없을 듯 싶습니다.

하지만 또 다른 진영에서는 정상우주모델이 구축되고 있었습니다. 당시에는 '동적진화모형動的進化模型'이라 불리던 빅뱅 이론과 대극점에 서 있는 우주모델이었죠. 호일Fred Hoyle, 골드Thomas Gold, 본디Hermann Bondi에 의해 주창된 모델로서 우주는 시간과 공간을 초월하여 언제나 영원하다는 다소 보수적인 우주관입니다. 정상 우주론은 모든 장소에서 균일하며 거시적인 스케일에서 어떠한 변화도 허용하지 않는 모델이죠. 하지만 정상우주모델도 빅뱅모델과 마찬가지로 우주는 언제나 확장하고 있다는 전제를 부정하지 않고 있었습니다. 다만 초기의 대폭발을 인정하지 않았기에 우주의 시공 내에서 물질이 지속적으로 생성되어 확장된 공간을 보충하여 우주 전체가 일정한 밀도를 유지한다는 기본 전제를 깔고 있습니다. 물질이 생성되면서 우주가 확장한다는 전제가 질량·에너지보존법칙에 위반되기 때문에 초기부터 반발이 없지 않았습니다만, 허블이 후퇴하는 은하의 적색편이를 통해 발견한 우주 확장의 관측적 사실에 위배되지 않았기 때문에 '천문학적 관측 결과와 부합附合하는 우주론'이라는 의미에서 정상 우주론을 지지하는 과학자들도 꽤 많았습니다. 무엇보다도 물리학자 호일의 개인적인 카리스마와 우주에 존재하는 물질의 생성을 논리적으로 설명하는 이론의 매력이 수많은 과학자들의 눈길을 끌었던 것으로 보입니다. 덕분에 호일이 동적진화모형을 힐난하기 위해 만든 '빅뱅'이라는 속어가 학자들 사이에 보편 용어로 자리 잡게 되었죠.

모두 호일의 인기 덕분이었습니다. 바꾸어 말하면 가모프와 알퍼가 초기 우주의 물질 생성에 대한 설명을 게을리 했다고도 평가할 수 있겠습니다. 혹은 가모프와 알퍼의 가볍고 유쾌한 성격이 이들이 진지하게 펼치는 우주론을 농담조로 만들어 버린 건지도 모르겠습니다. 당시 첨예하게 경합하던 두 이론 중 어느 쪽이 타당한가에 대한 과학 논쟁은 일반 대중에까지 확산되었습니다. 당시의 물리학과 천문학의 전문 분야 종사자뿐만 아니라 장 보러 나왔다가 동네 커피숍에 모인 아줌마들과학생식당에 줄 서 있던 여드름 가득한 대학생들도 빅뱅 가설과 정상 우주론 중 어느 쪽을 지지하는가에 대해 대화하는 것이 그리 놀라운 일이 아니었다는 겁니다.

정상 우주론이 옳건 빅뱅 이론이 옳건 상관없이 우주는 오늘날 엄연히 존재하고 있습니다. 영원의 과거로부터 존재하였더라도 어느 시점에서는 분명히 창조되어야 했을 것입니다. 신화나 철학에서야 영원성을 개념적으로 논의할 수 있지만 물리학과 우주론에서의 영원은 어불성설語不成說이죠. 무언가 존재하려면 시작이 있어야 하고 시간이 흘렀고 지금도 흐르고 있다면 시간 흐름을 거슬러 시계가 '0'을 가리키는 시점이 반드시 존재하여야만 합니다. 이 근원본질적 물음은 우주론에 있어서의 '궁극문제窮極問題'라 불립니다. 호일과 가모프를 비롯한 정상 우주론 연구자들은 PR에 능한 대중지향 과학자였습니다. 일반 독자들을 대상으로 정상 우주론의 책을 저술하거나 라디오 방송에 출연하여 강연을 하는 등 대중을 향한 우주론의 홍보 전쟁이 뜨거웠습니다. 앨퍼의 회고록에 의하면 '빅뱅'이라는 용어도 이러한 대중 홍보 경쟁에서 비롯된 듯합니다. 사실 이 대목은 쿤의 '패러다임론'의 측면에서도 상당히 재미있는 현상이었다고 생각됩니다. 일반적으로는 기존 과학 이론의 이상 현상을 감지한 일선의

과학자들이 새로운 이론을 갈구하면서 새로운 패러다임이 태어나고 이
패러다임이 다시 다음 세대의 패러다임으로 교체되는 수순이 일반적이지만,
빅뱅 가설과 정상 우주론의 대치 구도는 어떠한 패러다임도 자리 잡지 못한
상황에서 두 가설이 대립하는 과학사상 흔치 않은 구경거리였을 것입니다.
호일이 1949년 영국의 BBC 라디오 방송에 출연하여 가모프와 앨퍼의
동적진화모델을 경멸조로 '빅뱅'이라 불렀던 일화에서 나타나듯이 빅뱅
가설과 정상 우주론의 양 진영은 서로를 힐난하면서 자신들의 이론을
옹호하는 이전투구泥田鬪狗의 양상까지 보일 정도로 달아올라 있었습니다.

이런 상황에서 가톨릭 교회가 우주론 논쟁에 대해 의욕적으로 견해를
발표하여 세간의 놀라움을 자아냈습니다. 생물학적 진화론이 가톨릭
교의에 저촉된다는 견해를 가지고 있던 교황 피우스 12세는 1951년 12월
22일에 열린 교황청 과학 아카데미에 출석하여 '현대 자연과학에 나타나는
신의 존재 증명'이라는 제목으로 연설을 합니다. 이 연설에서 교황은 빅뱅
이론에 대한 강력한 지지를 표명합니다. 교황청은 빅뱅 이론이 창세기의
과학적 해석이며 신의 존재를 지지하는 증거라고 간주하였던 겁니다.

당시의 빅뱅 가설이 '진화'라는 용어를 포함하고 있었음에도 교황의 지지를

받은 일이 재미있습니다. 아마 제목에 상관없이 빅뱅 이론 중 찰나의 짧은 순간에 물질적 우주가 창조되고 막대한 에너지가 방출되면서 초기 우주가 엄청난 속도로 확장되었다가 곧이어 확장속도가 느려져 오늘날의 우주가 되었다는 부분이 교황의 눈길을 끌었던 것 같습니다. 물론 오늘날에는 관측 결과에 의거하여 확장속도가 지속적으로 느려지기는커녕 더욱 빠르게 가속하고 있다는 사실이 밝혀졌습니다만, 당시엔 이론적으로 시간이 흐를수록 확장의 속도가 느려질 것이라는 예측이 지배적이었습니다. 교황은 138억 년 전 과거에 일어난 단 한 번의 격렬한 폭발인 빅뱅을 태초에 '빛이 있으라'라는 신의 말씀의 증거로 간주하였습니다. 빅뱅의 순간 무無로부터 돌연 빛의 바다가 원시적인 물질의 스프와 같은 애매모호한 형식으로 출현합니다. 이후에 화학 원소들을 생성할 자그마한 입자들이 생성되고 수백만의 은하에 형상을 부여하는 복잡한 메커니즘이 현실화되기 위해서는 이 모든 과정을 관장하는 창조주가 존재하여야 한다는 교황청의 교의와 빅뱅 이론이 안성맞춤으로 맞아떨어집니다. 비록 빅뱅 이론이 창조주의 존재를 명시적으로 주장하지는 않더라도 신학 이론이 아닌 본격적인 과학 이론에 신의 메시지가 담겨 있다는 교황의 주장은 확고했습니다.

학생들과 빅뱅우주론을 토론하는 조지 가모프

하지만 대부분의 과학자들은 종교적인 신념이 과학 이론의 검증에
관여하여 과학이 종교에 휘둘리는 상황을 좋아하지 않았습니다.
종교인들의 지지를 받고 있던 유리한 상황에서도 빅뱅 가설의 과학자
진영은 이론의 온당성에 관한 과학 논쟁에 교황의 견해 개입이 방해가
된다고 생각하였던 것입니다. 아마도 이러한 거부감에는 과학계와
종교계의 뿌리깊은 반목이 한몫을 하지 않았을까요. 1633년 우르바누스
8세는 갈릴레이에게 살벌한 고문을 하겠다는 협박으로 이론을 철회할

것을 강요했고 결국 갈릴레이는 자신의 과학적 신념을 꺾을 수밖에 없었습니다. 훨씬 이전에도 부르노 사제의 무한우주론이 교황의 교리에 반한다는 이유로 화형당한 악몽이 떠오르기도 했을 것입니다. 이러한 과거사가 있었기에 과학계, 특히 우주론자들과 바티칸은 서로 반목하였고 물리학자들은 과학의 진로에 영향을 주는 종교적 해석에 대해 심각한 경계심을 가지고 있었습니다. 급기야 교황청 과학 아카데미의 회원이자 빅뱅 이론의 창시자들 중 한 사람이기도 했던, 벨기에 출신의 사제이자 천문학자, 물리학자였던 아베 조르주 에두아르 르메트르Abbe Georges Edouard Lemaitre가 진화에 나섰습니다. 종교적 신념은 투철하였지만 과학과 종교의 영역은 확실히 분리되어야 한다고 믿었던 르메트르는 교황이 우주론에 대해 함부로 발언하는 상황을 심히 걱정하였습니다. 만일 교황이 빅뱅 이론을 적극적으로 지지하여 과학적 방법론을 옹호하는 관행이 굳어지게 되면, 이후 과학계의 새로운 발견이 성경의 내용과 모순을 일으킬 경우 바티칸 스스로 곤란한 상황에 빠질 가능성이 있었기 때문이었습니다. 르메트르의 적극적인 조언으로 바티칸은 '빅뱅'에 대한 언급을 일체 금지하였습니다. 빅뱅 이론의 지지자들은 바티칸과의 연루가 끊어져 안도의 한숨을 쉴 수 있었습니다. 관측에 의한 검증만이 빅뱅 이론의 온당성을 증명할 수 있다는 사실을 잘 알고 있었기 때문이었죠.

일반 대중은 빅뱅 이론과 정상 우주론의 온당성 논의로 입씨름을 벌이고 있었지만 정작 천문학계는 차갑게 식어 있었습니다. 앞서 온전한 이론으로 승격되기 위해 종교계와의 연루를 끊고 검증을 통해 온당성을 인정받기를 염원했던 빅뱅 이론의 지지자들과 마찬가지의 이유로 다수의 천문학자들은 정상 우주론과 빅뱅 우주론 모두를 지지하지 않았습니다. 어느 쪽도 지지할 수 없었던 이유는 어느 모델을 지지하건 반대하건 이론의 온당성을 판단할 기준이 될 결정적인 관측 증거가 존재하지 않았으며 어느 이론 체계도 일관적인 설명이 불가능했기 때문입니다. 오늘날의 빅뱅 이론은 어느 정도 이론적인 완결성을 갖추고 있지만 당시의 이론 체계는 아직 수정을 거치지 않은, 곳곳에 논리적 비약과 구멍이 산재한 불완전한 이론 체계였습니다.

천문학자는 테크놀로지와 지식의 한계 상황에서 가능한 최고해상도의 정밀한 관측을 행하는 첨단 과학자들입니다. 따라서 관측으로부터 '유도'되는 '사실'의 취급 방식과 태도에 세심한 주의를 기울이지 않을 수 없습니다. 허블은 일찍이 은하의 후퇴를 관측하여 우주가 확장한다는 추론을 이끌어 내었죠. 하지만 이 관측에 의한 합리적인 추론의 구조가 그리 단순하지 않습니다.

은하의 후퇴 속도에 관한 많은 천문학자들의 개개의 관측 결과는 각각 '관측사실'이라 간주될 수 있겠지만, 이를 떠받치는 근거는 수많은 이론과 관측 데이터가 복잡하게 얽히고설켜 있는 연쇄 구조를 가지고 있어서 자세히 들여다보면 어떤 관측적 근거도 어떻게든 비판을 받을 가능성이 있습니다. 은하의 후퇴 속도를 측정하기 위해서는 은하로부터 날아오는 미약한 빛을 검출해야 합니다. 하지만 이 보일 듯 말 듯한 빛이 성간 가스가 가득한 우주 공간과 뿌연 지구 대기를 통과하는 과정에서 어떠한 영향을 받을 것인가에 대한 일련의 가정을 세우지 않으면 안 됩니다. 이 가정에 기반하여 빛이 어느 정도 흐려지거나 변조되는가를 판단해야 하기 때문이죠. 빛의 진행에 어떠한 방해도 하지 않는 진공 상태가 주어지지 않는 한 이 가정은 필수적입니다. 또한 어떠한 가정을 세우는가에 따라서 관측 결과의 해석이 변하게 될 가능성도 충분히 있습니다.

더욱이 빛의 파장을 측정하여 빛을 발산한 은하의 원자 구성을 확인할 필요도 있습니다. 원자 구성에 따른 스펙트럼의 차이를 측정하여 도플러 효과를 감안한 후퇴 속도를 결정해야 하기 때문입니다. 망원경, 분광기, 감광판, 사진 현상 프로세스 등등 천문학자들이 사용한 장치에서 발생하는 오차와 관측 과정 전반에서 유발되는 오차도 고려하지 않으면

정상우주론의 수장 프레드 호일

안 됩니다. 복잡하게 얽혀 있는 과정이 다양한 노이즈를 일으킬 수 있기 때문에 천문학자들은 자신들 스스로의 관측 과정과 결과에 절대적인 자신감을 가지지 않으면 안 됩니다. 이로 인해 천문학자들은 결정적이자 반복적인 관측 검증이 이루어지지 않는 한 빅뱅 이론도 정상 우주론도 그저 많은 가설들 중 하나일 뿐이라고 간주할 수밖에 없었습니다.

4. 의미 있는 답을 할 수 있을지도 모른다는 희망

빅뱅 이론과 정상 우주론의 어느 쪽을 지지하든 반대하든 상관없이
결정적인 증거는 없었기 때문에 과학자의 대부분은 스스로의 직관이나
자신이 좋아하는 경향과 신념에 따라 파벌을 결정할 수밖에 없었습니다.
정상 우주론은 내부적으로 '자기증식自己增殖'의 조건을 가지고 있습니다.

르메트르와 아인슈타인

정상 우주론은 어떠한 물리법칙이 실제로 우주의 형식을 결정할 수 있다는 가능성을 진지하게 검토합니다. 즉, 어떠한 물리법칙은 우주가 생성되기 이전에 단단한 반석 위에 서 있고 이 법칙에 따라 우주가 형성되고 그 모습을 바꾸어 간다는 전제입니다. 이 자기증식의 원리는 기존의 과학관과 무리 없이 부합하기도 하거니와 상식에서 벗어나거나 직관에서 어긋나지 않습니다. 뉴턴의 우주론에 나타나듯이 태초에 신이 정하신 자연의 법칙은 절대적인 권위를 가지고 전 우주에 적용된다는 생각입니다. 하지만 이 생각은 과학적으로 합리적인 사유일까요? 의심해 볼 만합니다. 뉴턴은 중력을 '만유인력'이라 칭하고 근원본질적인 힘으로 규정하였습니다. 하지만 아인슈타인은 중력의 작용은 시공의 왜곡에 의해 나타나는 결과라고 주장하며 뉴턴의 사유를 수정하였습니다. 이와 마찬가지로 물리법칙이 자연현상의 복잡한 메커니즘의 결과라면 물리법칙에 의해 우주가 형성되었다는 사유는 원인과 결과를 거꾸로 배치하는 오류가 될 수밖에 없을 것입니다. 하지만 무엇이 원인이고 무엇이 결과인지는 현상의 전체 상을 파악하지 않고서는 확인할 수 없죠. '자기증식'의 사유는 원인과 결과가 도치되어 있다고 하더라도 직관적으로는 매력적인 사고방식입니다. 추상적 원칙에 의해 물리적 현상이 조직되고 증식하고 진화한다는 상식적이고 일반적인 생각이 매끈하게 적용될 수 있기 때문입니다. 이러한

의미로 '자기증식'은 당시의 우주론 분야에서는 강력하고 새로운 원리로
평가할 수 있었습니다. 정상 우주론의 자기증식의 원리를 통해서라면
우주가 어떻게 오늘날의 구조와 형식을 띠게 되었는가에 대한 물음에 대해
'그냥 그렇게 되었다'가 아니라 무언가 의미 있는 답을 할 수 있을지도
모른다는 희망을 주었습니다. 정상 우주론은 우주의 어딘가에 생명이
싹트고 존속할 가능성이 모델 내부에 확실히 천명되어 있는 유일한
우주모델이기도 했습니다. 우리 은하가 오랜 시간의 수명을 마치고 그
생명을 다하더라도 우주 어딘가에서는 새로운 은하가 탄생하여 진화를
계속할 수 있을 것이라는 뉴에이지적인 희망이 반영된 우주론이었습니다.

20세기 초의 대부분의 우주론자들은 우리우주가 영원불멸한 정적인 형식을
가진다는 견해에 대해 일반적인 합의를 세워놓고 있었습니다. 따라서
영원불멸한 정적우주상靜的宇宙像에 기반하여 확립된 20세기 우주론은
불안이 존재하지 않는 학문이었습니다. 그런데 1920년대에서 1940년대에
걸친 천문학적인 관측과 함께 새롭게 등장한 이론과 가설에 의해
영원불멸한 정적인 우주상에 많은 천문학자들이 불안을 느끼게 됩니다.
우주론 분야에서의 막연한 불안감에 대한 대안으로서 등장한 두 이론이
다름 아닌 정상 우주론과 빅뱅 이론입니다. 정상 우주론은 종래의 종교적인

성격이 강한 영원불멸한 우주상을 승계하여 새로운 천문학적 발견들을
이전의 우주상과 논리적으로 모순 없도록 조정하는 이론 체계였으며 빅뱅
우주론은 기존의 영원불멸한 우주상을 뒤엎고 전혀 새로운 창조설을
제안하는 참신한 이론 체계였습니다.

앞서 바티칸과의 불편한 관계 에피소드에서 다루었듯이 빅뱅 우주론은 성경
말씀과 거의 다를 바 없는 무無에서의 창조론을 제안하고 있었지만 애써
종교적인 의미를 씻어 내려 노력할 수밖에 없는 운명을 타고난 듯했습니다.
이후의 천문학사와 우주물리학사에서 나타나듯이 빅뱅 우주론은 적당한
범위에서 서구사회의 지배적인 창조설을 옹호하는 종교계의 도움을
받아가며 진화를 거듭해 나가는 과정에서 지지세력을 확보했고 적당한
범위에서 과학적 검증을 거쳐 가며 강고한 이론 체계의 틀을 구축해
나갑니다. 종교계와의 불편한 관계와 빅뱅 우주론을 적대시하는 과학계
인사들과의 껄끄러운 관계를 교묘하게 줄타기해 나간 빅뱅 우주론은
어떻게 보면 참신하고 교활한 양면을 갖춘 이론 체계라고도 평가할 수
있을지도 모르겠습니다.

이러한 정황에서 20세기 중반의 우주론 논의는 정상 우주론과 빅뱅

우주론의 두 이론이 서로 패러다임 쟁취를 경쟁하는 양대 구도를 갖추게 되었습니다. 하지만 아이러니컬하게도 두 이론 모두 천문학계와 우주물리학계의 모든 이가 수긍할 만한 설득력을 가지지 못한 채였습니다. 정상 우주론은 종래의 영원불멸하고 정적인 고전우주관에 대해 과학적인 근거를 제시하는 수정판이었지만 이 우주론을 지지하건 부정하건 상관없이 천문관측상의 증거는 거의 존재하지 않았습니다. 빅뱅 이론은 보다 과격하고 파국적인 우주론이었지만, 이 이론을 부정하건 지지하건 그에 상관없이 어느 정도의 기본적인 관측 증거는 존재했습니다. 하지만 결정적인 관측 증거는 아직 손에 넣지 못한 상태였죠.

5. 보세요
제가 전에 말씀드렸잖아요
당신들이 틀렸다고요

과학사를 해석하는 전통적인 견해를 따르자면 과학적 지식 체계의 구축은 작은 변화들이 축적되어 이루어진다고 봅니다. 확립된 이론이 수십 년의 시간을 거치며 개량되어 이전의 오래된 이론으로부터 새로운 이론으로 서서히 진화하는 형식을 띤다고 이해되었던 것입니다.

다윈의 진화론에서 나타나듯 돌연변이와 자연선택에 의해 진화해 나가는 과학의 이미지입니다. 독일의 과학철학자 칼 포퍼Karl Popper가 주창한 진화론적 진보를 거듭하는 과학 이론이기도 합니다. 이론이 돌연변이를 일으킨 이후에 관측과 합치하는 이론이 선택된다는 의미에서 적자생존의 구조와 합치된다고 이해할 수 있을 것입니다. 미국의 과학철학자 토마스 쿤Thomas Kuhn은 포퍼가 주장하는 과학 이론의 발전 구도가 과학계에서 실제로 일어나는 상황과는 들어맞지 않는다고 생각했습니다. 쿤은 1962년의 저서『과학혁명의 구조』에서 과학의 진보는 '어느 정도 평온한 시기가 계속되다가 지적인 폭력 혁명이 일어나는 과정의 반복'이라고 해석하였습니다. 쿤이 말하는 평온한 시기란 포퍼가 주장한 바와 같이 이론이 서서히 진화하는 시기입니다.

하지만 이 진화 과정에서 '이상 현상'이라 불리는, 기존의 통념의 틀에 딱

들어맞지 않는 관측이 발견되고 축적되어 갑니다. 과학계의 어르신들은 '괜찮아, 이 정도의 오차는 과학을 하다 보면 언제나 나타나기 마련이야'라며 이상 현상을 애써 무시합니다. 하지만 젊은 과학자들은 마음이 편치 않습니다. 시간이 흐르면서 보다 정밀한 관측과 측정이 가능하게 되자 이상 현상은 더 이상 무시할 수 없는 문제로 부각됩니다. 이 지경에 이르러 어르신들은 기존의 통념의 틀에 무언가 심각한 문제가 내재하고 있음을 알아차리지만, 평생에 걸쳐 이룩한 통념과 이론 체계가 재고되거나 심지어 무너질 위기에 처하는 상황은 살아 있는 동안에는 겪고 싶지 않습니다. 따라서 아무리 젊은 과학자들이 이상 현상에 대해 통촉을 요구해도 그냥 무시해 버립니다. 젊은 과학자들은 통념을 따르는 어르신 과학자들에 반감을 느끼고 자기들 나름대로 이상 현상을 아우를 수 있는 새로운 이론 체계와 틀을 수립하려 노력합니다. 그러나 새로운 이론 체계와 틀은 한 사람이 독단적으로 하루아침에 주창할 수 있을 정도로 쉽지 않은 문제입니다. 물론 과학사상 소수의 천재들은 낙뢰와 같은 영감을 받아 기존의 패러다임을 전복시키는 혁명적인 아이디어를 내기도 합니다.

어쩌면 모두들 이 아이디어를 손꼽아 기다리고 있는지도 모르겠습니다. 실패할지언정 패기 넘치는 젊은 과학자들은 새로운 아이디어를 내고 기존의 패러다임의 문제점을 지적하며 이 데이터들이 또다시 완전히 다른 아카이브에 축적되기 시작합니다. 또다시 어느 정도의 시간이 소요되어야 하죠. 어느 날 갑자기 사고방식의 대전환이 필요하게 됩니다. 기존의 패러다임은 더 이상 축적된 이상 현상을 견뎌 낼 견고한 틀을 유지하지 못하고 무너져 내립니다. 젊은 과학자들은 어르신들에게 '보세요. 제가 전에 말씀드렸잖아요. 당신들이 틀렸다고요'라고 힐난하며 새로운 사고 틀을 정전으로 책봉합니다. 쿤은 이를 '패러다임 이동'이라 부릅니다.

포퍼의 과학의 진화론과 쿤의 패러다임론을 서로 첨예하게 대치하는 과학철학 이론으로 이해하는 과학철학자들도 많은 듯합니다. 하지만 포퍼의 과학의 진보 이론에 대해 쿤이 안티테제를 제시하였듯이 쿤의 패러다임론에 대해 다양한 반론이 제시되었던 것도 사실입니다. 쿤 이후의 수많은 과학철학자들이 패러다임론을 부분적으로 수용하면서 수정안을 계속적으로 제시하였으며 포퍼의 진화론적 시각과 융합시키면서 보다 현대적인 감각의 과학적 진보론을 제안하기도 했죠.

20세기 이전의 천문학자들은 천동설을 대체한 지동설의 지구 중심 모델의 패러다임에 수많은 관측 사실을 기반으로 수정을 가하여 태양계의 유일한

항성인 태양과 행성의 운동의 메커니즘을 관측에 합치하도록 조정함으로써
세련된 모델을 구축하려 피땀을 쏟았습니다. 이 모델에 기반한 행성 궤도의
예측과 관측 사실이 완전히 일치하지 않는다는 문제점들이 오랜 세월
계속적으로 축적되어 왔지만 태생적으로 보수적인 성향을 가지는 대부분의
천문학자들은 크게 무리하지 않고 기존의 패러다임을 파괴하지 않는 범위
내에서 자신의 이론을 수정하는 태도를 일관적으로 유지하였습니다. 이러한
성향의 과학자들은 관측 사실이 엄연히 존재함에도 불구하고 자신이
평생을 투자하여 신봉한 패러다임을 쉽게 버리지 못합니다. 때로는 문제가
존재한다는 사실 자체를 애써 무시하는 경우도 있습니다. 하지만 관측
사실과 이론 사이의 간극의 문제가 점점 축적되면서 어느 순간 오차의
허용 범위를 초과하게 됩니다. 패러다임의 이동이 일어나는 순간이 바로
이처럼 오차의 허용 범위가 넘어 이론의 구동이 더 이상 불가능하게 되는
시점입니다.

천동설이 지배적이던 시대에 새로운 우주관을 제시했던 코페르니쿠스,
케플러, 갈릴레이는 반역자 취급을 받습니다. 물론 종교계가 주요한
억압 세력이었습니다만 과학계의 패러다임도 코페르니쿠스와 케플러,
갈릴레이의 새로운 우주관을 거부하였습니다. 종교계가 과학계를 지배하고

금전적으로 지원하던 시대였다는 역사적 해석만으로는 설명할 수 없는 상황이죠. 기존의 천동설 패러다임이 지동설이라는 보다 해상도가 높은 과학 이론에 대해 강하게 저항하는 형태였다고도 볼 수 있을 것입니다. 당대에는 심한 반발과 비난을 감내해야 했지만 두 세대 이후의 새로운 사상으로 무장한 젊은 천문학자들은 천동설의 오래된 패러다임을 버리고 지동설의 새로운 패러다임으로 갈아탑니다. 쿤의 초기 패러다임론에 나타나는 급격한 혁명적 패러다임 이동의 이미지로는 설명할 수 없었던 지동설로의 느린 이동…. 쿤은 이후의 '수정 패러다임론'에서 자신의 초기 이론에 대한 반발과 비판에 대하여 역사적인 고찰을 덧붙여 더욱 유연한 이론으로 수정합니다. 쿤은 패러다임 이동에 저항하는 세력이 강력한 영향력과 지배 권력을 행사하는 경우 기성 세대는 절대 패러다임을 포기하지 않을 수도 있다는 코멘트를 덧붙이면서 패러다임론을 더욱 세련화시킵니다.

천동설에서 지동설로의 패러다임 이동은 어쩌면 수정 패러다임론의 틀로 이해하는 방식이 유익할지도 모른다는 생각이 듭니다. 즉, 천동설 연구에 평생을 바친 기성 세대는 천동설이 관측 사실과 부합하지 않는다는 사실을 알고 있었음에도 불구하고 절대 지동설을 수용하지 않았다, 혹은 수용할

수 없었다는 겁니다. 학자 개개인이 자신의 평생 연구를 모두 부정하고
새로운 이론을 전격적으로 수용하는 일은 각고의 용기가 없으면 도저히
불가능하거나 극히 고통스러운 결단이 될 것입니다. 차라리 천동설의
오류를 알고 있더라도 애써 지동설을 부정하고 이 세상을 떠나는 일이
보다 손쉬운 선택이 되었을지도 모르겠습니다. 하지만 오류가 많은 이론을
접한 새로운 세대는 두 가지 선택의 기로에 서게 됩니다. 즉각적으로
반발하거나 이후에 자신이 학계의 권력을 잡게 되면 이전의 패러다임을
부정하거나. 천동설에서 지동설로의 이행 과정에서는 즉각적 반발보다
완만한 혁명의 패턴이 지배적이었습니다. 그래서 이후의 과학사가들은
혁명이라고 표현하였지만 이 혁명이 완성되는 데 거의 100년에 가까운
시간이 걸립니다. 일단 지동설이 패러다임의 지위를 얻자 새로운 과학의
안정기가 도래하여 지동설에 기반한 새로운 기초 이론 위에 천문학 연구
계획이 수립되었습니다. 이로써 많은 시간이 걸려 지구 중심의 모델은
태양 중심의 모델로 진화가 아닌 대체되는 양상을 보일 수 있었습니다.
천동설에서 지동설로의 패러다임 이동 이외에도 역사적으로 수많은
패러다임 이동이 있어 왔습니다. 오랫동안 잠정적인 원자 모델이었던
푸딩 모델에서 러더퍼드의 원자핵 모델로의 이행도 패러다임 이동의 좋은
예입니다. 에테르 우주론에서 에테르 개념이 필요 없는 진공우주론으로의

이행도 마찬가지입니다.

기존 패러다임으로부터 새로운 패러다임으로의 이행은 새로운 패러다임이
충분히 성숙하여 기존의 패러다임이 학계의 신용을 잃는 즈음 시작됩니다.
패러다임 이동은 여러 가지 요인에 의해 좌우됩니다. 새로운 패러다임의
기반이 되는 관측 증거의 논리적 신빙성과 온당성, 그리고 기존의 패러다임
견해를 막바지까지 지지하는 보수파가 급격한 변화에 얼마나 격렬히
저항하는가 등등을 들 수 있죠. 쿤의 후기 패러다임론에서 나타나듯이
기존 패러다임을 지지하는 과학자들은 패러다임의 습득에 상당한 시간과
노력을 투자하였기 때문에 변화를 그리 쉽게 수용하려 들지 않습니다만
젊은 과학자들은 보다 모험적인 가능성을 향해 열려 있습니다. 기성 세대의
권력을 전복시킬 기회를 노리고 있기 때문이기도 합니다.

정치계뿐만 아니라 과학계에서도 기존 세력을 권력을 놓지 않으려 하고
새로운 세대는 수구 세력의 권력을 빼앗기 위해 혈안이 될 수밖에 없죠.
권력욕은 어떤 종류의 사회이건 어떤 규모의 집단이건 상관없이 어디에나
존재하는 것이 아닐까요. 따라서 패러다임 이동이 완료되려면 기존
과학자들이 연구 활동으로부터 완전히 은퇴하여 젊은 세대가 주류가 될

때까지 기다리지 않으면 안 됩니다. 이러한 이유 때문에 일찍이 폐기되어야 할 패러다임도 경우에 따라서 수 세기에 걸쳐 지배적인 지위를 유지할 수도 있습니다.

하지만 20세기 중반의 우주론의 양상은 쿤의 패러다임론에 비추어 약간 상이하게 진행되었다고 해석됩니다. 일단, '영원불멸한 정적우주'라는 신화와 설화에 기반한 기존의 패러다임은 즉각적으로 폐기되었습니다. 적절한 해상도의 관측사실이 너무도 명료하여 기존의 우주론이 타당성을 가늠해야 할 필요가 없었습니다. 우주의 존재가 영원불멸하다는 가능성을 아예 생각할 수 없도록 만드는 관측 사실이 분명히 제시되어 있었습니다. 기존의 우주론이 폐기되자 패러다임의 공백기가 도래하였습니다. 일반적으로 패러다임을 새로운 패러다임이 천천히 혹은 급격하게 대체하는 양상과는 달랐습니다.

이 공백 상황에서 이상하게도 기존의 패러다임을 대체해야 할 새로운 패러다임으로 등장한 이론 체계가 정상 우주론과 빅뱅 우주론의 두 가지였다는 사실이 재미있습니다. 기존의 패러다임을 대신하는 새로운 패러다임이 제시되는 경우에는 역사적으로 돌이켜 보더라도 단일 선택지가 제시되는 안티테제의 형식을 띠는 것이 보통이었습니다.

하지만 20세기 중반에 제시된 새로운 패러다임은 특이하게도 선택지를
들이밀고 있었죠. 또한 일반적으로 새로운 패러다임은 전문가 집단에
의해 대체되고 선택될 뿐 일반 대중의 기대와 주목을 끌지 못합니다.
새롭게 제시된 패러다임은 너무도 새롭고 전문적인 내용을 담고 있어
이 패러다임을 일단 전문가 집단이 수용하고 해석하여 일반화시킨 후
보다 많은 시간을 투자하여 일반 대중에게 알기 쉬운 방식으로 설명하는
형식을 취하고 있었습니다. 따라서 패러다임 이동은 전문가 집단 내부에서
일어나는 현상이었고 일반 대중이 개입할 여지가 없었죠. 하지만 정상
우주론과 빅뱅 우주론의 대립에는 종교계를 비롯한 각계각층의 사람들이
첨예한 관심을 보입니다. 이러한 제반 상황들이 일반적인 패러다임 이동의
양상과는 상당히 달라 우주론의 새로운 패러다임은 앞으로도 과학철학과
과학사의 재미있는 연구 대상이 될 것이라 생각됩니다.

당시의 우주론 연구자들의 태도도 재미있습니다. 새롭게 제시된 두 우주론
중 어느 쪽을 선택할 것인지 깊은 고민에 빠졌어야 할 천문학자들은
희한하게도 선택을 거부합니다. 새로운 이론 중 어느 쪽의 온당성도

지지하지 않아도 언젠가 어떠한 새로운 관측 증거가 발견되면 자연스럽게 어느 한쪽이 선택될 것이라는 중도적인 태도를 취합니다. 쓸데 없이 논쟁하는 데 시간을 낭비하지 않아도 어느 쪽인가의 우주론으로 해결되리라 기대하고 있었던 겁니다. 이 국면에서도 천문학 분야의 특유한 학문적 성격이 드러납니다. 유사 이래 오랫동안 수많은 이론들이 즐비했었고 관측에 의해 수많은 가설들이 전복되는 전례를 보아 온 천문학계는 관측에 의해 검증을 거친 타당한 이론을 선택하는 실리적이자 실제적인 과학적 태도를 갈고닦아 온 것이죠.

어느 한쪽을 지지하다가 잘못된 가설로 판명되면 학자로서의 경력이 종료될지도 모른다는 불안감도 한몫 했을 것입니다. 물론 이러한 불안은 어느 학계든 필수적으로 수반되는 걱정거리이겠습니다만, 따라서 가설의 단계에서는 지지를 표명하지 않고 양상을 관망하려는 태도가 자리 잡을 수밖에 없었습니다. 양자역학계에서 확고한 지위를 점유하고 있는 입자론 외에도 루프 양자 중력 이론, 수정 상대성 이론, 통일장 이론, 끈 이론과 초끈 이론, 막이론 등의 다양한 이론 체계들이 가설의 수준에서 경쟁하는 양상에서 대부분의 물리학자들이 어느 특정 이론을 지지하는 태도를 보이는 오늘날의 이론물리학자들과는 전혀 다른 습성을 가지는 학문이라고 생각됩니다.

하지만 어찌 되었건 간에 천문학계와 우주물리학계는 검증을 통해
정상 우주론과 빅뱅 우주론 중 한 이론으로 패러다임을 결정해야 하는
상황이었습니다. 세간의 관심이 압력으로 작용하였을지도 모르겠습니다.
인류가 밤하늘을 올려다보기 시작한 이래 처음으로 우주의 기원과 진화의
문제가 과학적인 잣대로 해석되는 순간이었기 때문입니다. 천문학자들은
한시 바삐 경합하는 두 이론의 온당성을 판단하는 평가 기준을 마련해야
했습니다. 마치 입사 시험에 응시한 두 지원자가 자신이 채용되어야
할 정당성을 설명하는 상황과도 비슷하군요. 신입사원을 평가할 때는
회사의 이익에 따라 어떠한 사원이 적절한지가 결정되지만 천문학과
우주물리학에서는 극히 객관적이자 전문적인 기준이 제시되어야 하는
어려운 상황이었습니다. 천문학자들과 우주물리학자들이 심사숙고하여
결정한 평가 기준은 앞서 언급하였듯이 관측 사실과 이론이 얼마나
정합성을 보이는가에 집중되었습니다. 그렇다면 구체적으로 어떠한 평가
기준이 제시되었을까요? 천문학과 우주물리학의 전문가 집단은 정상
우주론과 빅뱅 우주론의 경합에 있어서 어떤 기준을 만족시켜야 하는지에
대한 기준을 마련하였습니다.

기준은 7가지입니다. 빅뱅 우주론과 정상 우주론은 이 7가지 기준을 쟁점으로 패러다임의 지위를 획득하기 위해 보다 정밀한 관측과 보다 설득력 있는 가설을 내놓기 위해 피흘림 없는 전쟁을 벌입니다. 초기의 경합에서는 정상 우주론도 빅뱅 우주론도 압도적인 우위를 차지하지 못하고 서로 장점과 단점을 나누어 가지는 형국이었죠.

먼저 '적색편이와 시공의 확장' 문제입니다. 이 문제는 은하 후퇴 발견으로 당연 명제가 되었습니다. 빅뱅 이후 확장을 계속한다는 빅뱅 우주론과 시공 확장으로 은하 간 공간에서 새로운 물질이 생성되는 영원한 우주의 정상 우주론 모두 '적색편이/시공확장'의 문제에서는 설득력 있는 설명을 내놓을 수 있었습니다. 빅뱅 우주론에서는 고밀도의 시공에서 창조되어 확장하였으니 적색편이가 일어나는 건 당연한 일이었죠. 하지만 정상 우주론은 관측상 우주가 확장하고 있다는 사실은 인정하였지만 어째서 확장하는가에 대한 문제에는 미온적인 태도로 일관하고 있었습니다. 그저 우주의 본질이 그럴 뿐이라는 설명이 전부였죠.

두 번째로 '원소 존재 비율'의 문제입니다. 이 문제는 빅뱅 우주론도 정상 우주론도 적당한 해답을 제시할 수 없었습니다. 수소와 헬륨의 존재 비율에 대해서 빅뱅 우주론은 설득력 있는 설명을 할 수 있었지만 정상 우주론은 수소와 헬륨의 존재 비율을 설명할 수 없었습니다.

하지만 빅뱅 우주론은 수소와 헬륨보다 무거운 탄소의 원소 합성을 제대로 설명할 수 없어 양측이 모두 불확실한 태도를 보일 수밖에 없었습니다. 이후에 설명하겠지만 천재 호일의 도움이 아니었다면 '원소 존재 비율' 문제는 영원히 미스터리로 남을 수도 있었습니다.

세 번째로 '은하 형성'의 문제입니다. 정상 우주론은 무한의 시간이 주어져 있으니 은하 간 공간에 떠돌아 다니는 먼지가 천천히 뭉쳐 중력이 강한 중심을 형성하고 급기야 은하를 형성하였다고 설명하고 있지만, 초기의 급격한 확장을 전제로 하는 빅뱅 우주론은 은하 형성을 설명할 수 없었습니다. 급격 확장은 완전히 균일한 시공을 만들어 낼 뿐 오늘날의 우주와 같이 풍부한 다양성을 생산하는 메커니즘을 원천적으로 봉쇄하기 때문입니다. 또한 급격한 확장이 일어났다면 우주 초기에 생성된 은하들은 분해되어 버렸을 것입니다. 하지만 현실적으로 은하는 분해는커녕 진화를 거듭해 은하단을 형성하고 있죠. 빅뱅 우주론은 은하단의 생성을 설명할 수 없었습니다.

네 번째로 '은하 분포'의 문제입니다. 정상 우주론은 모든 새로운 은하들은 오래되고 나이 많은 은하들 사이에서 생성된 물질을 바탕으로 만들어진다고 설명합니다. 따라서 어린 은하들이 균일하게 분포되어 있어야 한다는 예측을 내놓습니다. 은하 분포의 문제는 은하 생성의 문제와 밀접한 관련을 가지는데, 빅뱅 우주론은 생성의 문제에서 막혀 있으니 분포의 문제를 다룰 여유도 없었습니다. 이 문제에선 빅뱅 우주론이 상당히 불리한 입장이었죠. 그러나 초기 우주에 존재했던 은하가 우리가 속한 은하 근처에서는 발견하기 어려울 것이라는 추측은 가능했습니다. 급격한 확장 이후 모든 은하들은 모두 제각각의 진화를 시작했고 이미 나이를 먹기 시작했다는 주장입니다. 정상 우주론에 따르면 우리 은하 근처에서도 어린 은하들이 상당수 발견되어야 했습니다. 하지만 관측은 정상 우주론의 추측과는 정반대의 결과를 보여주었습니다. 대부분의 어린 은하들은 엄청난 거리에만 존재했던 겁니다.

다섯 번째로 '우주배경복사'의 문제입니다. 이 문제는 정상 우주론이 어떠한 설명도 할 수 없습니다. 정상 우주론은 우주배경복사의 존재를 부정하기 때문이죠. 빅뱅 우주론은 우주배경복사의 관측이야말로 빅뱅의 증거라고 역설하며 구체적인 온도의 예측치도 내놓습니다. 그러나 당시의 테크놀로지로는 해상도와 감도가 높은 관측이 불가능했습니다. 혹은 다들 불가능하다고 믿었다고 해야 할까요. 빅뱅 우주론도 예측은 가능하나 관측은 아직 불가능하다는 슬픈 상황을 받아들일 수밖에 없었습니다. 따라서 우주배경복사의 발견은 다음 세대의 과제라며 포기하고 말았죠. 만약 우주배경복사의 존재가 발견되면 정상 우주론은 패배의 고배를 마시겠지만 우주배경복사가 발견되지 못한다면 자연스럽게 정상 우주론의 승리가 될 것입니다. 하지만 설사 우주배경복사가 발견된다 하더라도 이 복사의 패턴이 완전히 균일하다면 큰일이었습니다. 완전히 균일한 우주배경복사는 물질 생성, 그리고 은하의 생성을 허용하지 않기 때문입니다. 이 문제의 해법은 이후에 양자물리학자들이 제시해 주긴 합니다.

여섯 번째로 '우주 연령'의 문제입니다. 정상 우주론은 영원한 시간을 다루고 있으니 우주의 연령은 따질 만한 문제가 아니었습니다. 하지만 빅뱅 우주론은 시간의 시작을 전제로 하기에 정밀한 측정을 통해 우주의 연령을 계산할 수 있다고 주장했습니다. 그런데 우주의 연령이 지구와 같은 행성이나 별의 나이보다 적어서는 안 되겠죠. 얼핏 들으면 말도 안 되는 이야기이지만 빅뱅 우주론과 정상 우주론의 경합 초기에는 이 문제가 가장 뜨거운 이슈였습니다. 허블상수를 바탕으로 계산된 당시의 측정치로는 우주의 나이가 지구의 나이보다 더 적었기 때문입니다.

일곱 번째로 '개벽'의 문제입니다. 정상 우주론은 언제나 존재하고 앞으로도 영원히 존재할 우주를 다룹니다. 빅뱅 우주론은 어느 순간부터 존재하기 시작한 우주를 이야기합니다. 정상 우주론은 개벽의 존재를 부정하고 빅뱅 우주론은 모든 것이 개벽으로 시작되었다고 주장합니다. 하지만 논리상으로는 정상 우주론의 '시작이 존재하지 않는다'는 주장이 어불성설입니다. 직관적으로도 무언가가 존재하기 위해선 먼저 만들어져야 하기 때문입니다.

적색편이/확장우주, 원소 존재 비율, 은하 형성과 분포, 우주배경복사cosmic microwave background radiation의 발견, 우주 연령, 개벽의 순간 등의 평가 기준에 두 후보자가 얼마나 타당성 있고 논리적인 답을 내놓을 수 있는가가 패러다임 결정의 시금석이 되었습니다. 그러면 지금부터 이 평가 기준을 빅뱅 우주론자들과 정상 우주론자들이 어떻게 충족해 나가며 검증의 경합을 벌였는지 들여다봅시다.

6. 찰나의 순간에 뜨거운 점에서
모든 것이 창조된
급작스러운 우주

빅뱅 우주론은 우주의 수소와 헬륨의 존재 비율을 정확히 설명할 수
있었지만, 이보다 무거운 원소의 존재 비율은 제대로 설명할 수 없었습니다.
관측된 적색편이에 의해 추론된 시공의 확장의 문제에 대해 정상 우주론과
빅뱅 우주론 모두 타당성 있는 답을 내놓을 수 있었습니다. 정상 우주론도
우주 전체의 시공이 확장하면서 은하와 은하 간의 공간에서 물질이
생성된다는 주장을 하고 있었기에 시공의 확장은 당연한 결과였고
빅뱅 우주론에서도 고밀도에서 뜨거운 점에서 탄생하여 이후에 확장을
계속한다는 주장이었으니 타당한 대답을 이미 내놓은 셈이었습니다.

하지만 원소의 존재 비율에 대한 문제에 있어서는 두 우주론 모두 뾰족한
답을 내놓을 수 없었습니다. 후퇴하는 은하와 지구 사이의 공간에서 생성된
물질이 관측되는 원소의 존재 비율을 결정한다고 주장하는 정상 우주론은
이 문제에 대해 어떠한 확정적인 주장도 제시하지 못했습니다. 이론 체계
자체가 원소 존재 비율을 설명하는 기제를 갖추고 있지 못했기 때문입니다.
빅뱅 우주론은 주창자인 가모프에 의해 수소와 헬륨의 존재비에 대해
설명할 수는 있었지만 이보다 무거운 원소들의 생성에 대해서는 설명할
수 없었습니다. 더욱이 두 이론 모두 원소 형성과 존재 비율을 대략적으로
설명할 수는 있다 하더라도 관측치와 맞아 떨어지는 정도로 정밀하게

설명하지 못했기 때문에 이 문제를 해결하고 이후에 설명되어야 할 '형성된 원소가 모여 별들과 은하를 만들어 내는 과정'을 제대로 설명하는 일은 꿈도 꾸지 못했습니다.

정상 우주론은 정적이고 영원히 존재하는 우주가 전제였기 때문에 우주의 영원한 시간을 주장하고 있었습니다. 따라서 빅뱅과 같은 초기의 급격한 확장이 아니라 아주 느린 형성 과정을 거쳐 은하가 천천히 만들어지고 천천히 사라지면 다시 새로운 은하가 '아직 알지 못하는 메커니즘'으로 천천히 만들어지면서 오래된 은하를 대체한다는 개략적인 개념은 갖추고 있었으나 메커니즘 자체는 설명할 방법이 없었습니다.

반면 빅뱅 우주론에서는 우주가 뜨거운 점에서 시작하여 급격히 확장하였다는 기본 전제가 있었기 때문에 막 태어난 은하가 시공의 팽창에 의해 찢어져 발산해 버릴 수 있다는 문제에 대해 적절한 해결 방법을 제시하지 못하고 있었습니다. 시공 확장이 급격하면 기껏 태어난 은하도 결집을 유지하는 중력이 시공 확장의 힘에 이기지 못하고 결국 흩어져 발산해 버릴 것입니다. 하지만 은하는 엄연히 존재하며 발산하기는커녕 서로 모여 밝은 덩어리를 형성하고 있습니다. 어째서 은하가 발산하지 않는가의 문제는 빅뱅 우주론의 커다란 걸림돌이었습니다. 또한 빅뱅에 의해 태어난 우주는 정상 우주론에 비해 짧은 시간적 역사를 가지기 때문에 은하가 형성되고 진화하는 데 필요한 충분한 시간적 여유를 가지지 못한다는 결점도 있었습니다. 은하가 형성되어 모양을 갖추기 위해선 수억 년이 소요되는데, 초기의 빅뱅 우주론은 우주의 나이를 정확히 추산할 수 없었습니다. 따라서 정상 우주론자들은 빅뱅 우주론은 은하 형성의 충분한 시간을 허용하지 않는다고 비난했습니다. 오늘날의 정밀 측정에 의해서 우주 연령이 138억 년이라는 사실이 밝혀져 있지만 당시에는 우주의 연령을 정확히 측정할 방법론이 갖추어져 있지 않았습니다. 따라서 우주의 연령이 수억 년 정도라는 주장도 있었지만 수천억 년이라는 주장도 있었죠. 우주 연령의 검증이 이루어지기 전까지는 정상 우주론이 주장하듯이 우주는 영원한 시간을 가지고 진화해 왔다는 논리가 일반 대중에게는 타당하게 들리기도 했습니다.

은하 분포의 문제도 뜨거운 논쟁 대상이었습니다. 우주 어디를 보아도 수많은 은하들은 뭉쳐 있지 않고 균일하게 흩어져 있는 것처럼 보입니다. 이러한 우주의 상태를 어떻게 설명할 것인가? 당시의 관측의 해상도의 문제, 즉 망원경의 해상도가 충분하지 못했기에 어떤 후보 이론이 보다 유리한지 평가하기가 쉽지 않았습니다. 결국 원소 존재 비율의 문제에서는 빅뱅 우주론이 약간 더 유리했지만 은하의 생성과 분포, 그리고 우주 연령의 문제에서는 정상 우주론이 더 유리한 상황이었습니다.

하지만 우주배경복사의 문제는 약간 양상이 달랐습니다. 나중에 우주배경복사에 대해 조금 더 자세히 설명하겠습니다만, 당시 가모프와 앨퍼를 비롯한 다수의 물리학자들이 예견했던 우주배경복사의 존재가 만약 검출될 수만 있다면 빅뱅 우주론의 기본 전제가 옳고 정상 우주론은 설명할 수 없는 관측 사실이 될 수 있었기 때문입니다. 우주배경복사는 우리 우주가 빅뱅에 의해 생성되었다는 결정적인 증거가 될 수 있었지만 관측의 가능성은 별개의 문제였습니다. 아무리 해상도가 높은 전파 망원경을 사용한다 하더라도 우주배경복사를 검출할 수는 없었기 때문이죠. 당시에도 우주배경복사의 온도가 절대온도 3K 정도라는 사실은 알려져 있었습니다만, 이렇게 낮은 온도의 복사를 검출하는 방법은 오리무중이었습니다(이후에 설명하겠지만, 일군의 과학자들은 천문학자들이 물리학자들의 제안을 무시하고 우주배경복사 발견에 최선의 노력을 하지 않았다는 주장을 하기도 합니다. 테크놀로지와 예측이 모두 완성되어 있었지만 소통의 문제로 우주배경복사가 일찍 발견되지 못했다는 비난입니다).

새로운 패러다임의 지위를 얻기 위해 경합하는 두 이론은 주어진 평가 기준에서 서로 장단점을 가지고 있었기에 둘 다 만족스러운 이론 모델이 될 수 없었습니다. 하지만 두 이론은 근본적인 부분에서 서로 모순을 일으키는 양립할 수 없는 숙적이었습니다. 한쪽은 조용한 진화를 거듭하는 영원한 우주이지만 또 다른 한쪽은 찰나의 순간에 뜨거운 점에서 모든 것이 창조된 급작스러운 우주였습니다. 언젠가는 둘 중 하나가 승자가 되고 또 다른 쪽은 비참한 패자가 될 운명적인 진검승부였죠. 평생을 쏟아 연구해 온 우주론자의 입장에서는 일생 동안 믿어온 종교가 무너지는 듯한 좌절을 느낄 수도 있는 일이었습니다.

7. 청출어람

빅뱅 우주론 지지자들에게 있어서 가설의 온당성을 인정받기 위해
선결되어야 할 문제는 평가 기준 중에서 '우주의 나이' 문제였습니다. 빅뱅
우주론은 우주의 연령의 문제에서 심각한 자기모순을 일으키고 있었기
때문입니다. 빅뱅 우주론은 당시의 우주 연령 측정치와 정면으로 충돌하고
있었습니다. 당시의 추정 우주 연령은 약 18억 년. 하지만 우주 먼지가 뭉쳐
어떠한 은하가 형성되어 자리를 잡으려면 적어도 30억 년이 필요합니다.
빅뱅 우주론에 의하면 우주는 자신이 담고 있는 별의 나이보다도 젊습니다.
별이 우주보다 더 나이가 많다니 가당키나 한 일입니까.

그렇다면 당시의 우주의 연령은 어떻게 측정하였을까요? 우주의 확장을
처음으로 확인했던 에드윈 허블은 은하까지의 거리와 은하의 후퇴
속도를 측정한 위대한 천문학자였습니다. 빅뱅 지지자들은 허블이 측정한
은하까지의 거리를 시공의 확장 속도로 나누어 지금으로부터 약 18억 년
전 우주의 전체 질량이 우주 창조의 한 점에 집중되었을 것이라는 빅뱅
우주론의 기본 전제를 계산해 내었습니다. 이 간단한 계산이 빅뱅 우주론의
시발점이기도 하죠. 하지만 지구의 암석의 방사선을 측정한 결과 지구의
연령은 적어도 30억 살이라는 사실을 알 수 있었습니다. 오늘날 추정하는
지구 연령은 약 46억 살입니다. 간단히 생각해 보아도 하늘에서 반짝이는

별들과 은하의 나이는 아무리 짧게 잡더라도 30억 살 이상은 되어야 했습니다. 당연히 암석의 방사선 측정에 의한 지구의 연령보다도 충분히 오래되어야 했죠. 당시의 과학계에서도 광석의 방사선 연대 측정은 상당히 신뢰할 수 있는 측정 방법이었기에 방사선 연대 측정 결과에 반하는 증거가 발견되기는 어려웠습니다. 천문학에서는 이 문제를 '시간 척도의 문제'라고 부릅니다. 빅뱅 우주론에서 발생하는 우주 연령의 패러독스를 해결할 수 있는 유일한 방법은 은하까지의 거리와 은하의 후퇴 속도의 관측 데이터 어디인가에 측정의 오류가 있었음을 밝혀내는 일이었습니다. 은하까지의 거리가 허블의 측정치보다 크다면 이는 은하가 오늘날의 위치에 도달하기까지 더 많은 시간이 소요되었다는 사실을 의미하게 됩니다. 따라서 우주의 나이도 더 늘어나게 될 것입니다. 은하의 후퇴 속도가 허블의 측정치보다 작다면, 이 경우에도 은하가 오늘날의 위치에 도달하기까지 더욱 시간이 걸리게 되어 우주의 나이는 더 늘어나게 됩니다. 하지만 당시의 과학계의 분위기는 허블의 측정치를 전적으로 신뢰하고 있었습니다. 허블은 세계 제일의 위대한 관측천문학자였습니다. 허블의 관측치에 대해선 어느 누구도 함부로 의심을 품어선 안 되는 것이었죠. 그만큼 당시 천문학계에 있어서의 허블의 권위는 절대적이었습니다.

그러나 절대권력이 존재한다면 이에 쌍벽을 이루는 저항 세력이 존재하기 마련. 빅뱅 우주론 입장에서는 허블의 절대적인 권위와 그의 측정 데이터를 오류라고 반박하지는 않더라도 의심을 품고 개별적으로 재확인하려는 천문학자들이 있었기에 천만다행이었습니다. 확정적인 관측 데이터라 하더라도 다시 한 번 확인하는 실험과학자들의 태도가 빛을 발하는 대목입니다.

당시의 천문학계에서 지구부터 안드로메다 은하까지의 거리는 은하 간의 거리를 계산하기 위한 표준적인 지표인 세페이드 변광성을 이용하여 측정되었습니다. 1912년 하버드 대학 천문대의 천문학자였던 헨리에타 리빗Henrietta Swan Leavitt은 소마젤란 성운의 세페이드 변광성Cepheid variable을 관찰하는 과정에서 은하 간의 거리를 측정하는 방법을 발견합니다. 리빗은 하버드 래드클리프 학부를 졸업하고 청운의 꿈을 안고 천문학 연구에 뛰어 들었습니다만, 당시 천문학계의 차별에 의해 단순 계산 직종에 머무를 수밖에 없었습니다. 하지만 끈기와 재능과 위트가 넘치는 리빗은 자신의 이름이 영원히 남을 역사적인 순간을 준비하고 있었을 겁니다. 리빗은 마젤란 성운에 주목하고 성운 속에 감춰진 변광성을 찾기 시작합니다. 리빗은 이 변광성이 은하 간의 거리를 측정하는 데 열쇠가 될 것이라는 직감을 가지고 있었던 것이죠. 천문학계에서 종래에 사용하던 연주시차 측정법을 이용한 거리 측정으로는 100파섹 거리에시는 그럴듯한 측정이 가능하지만 그 이상의 거리에서는 보조적인 방법이 동원되지 않는 한 신뢰할 만한 값을 얻을 수 없었습니다. '하긴 1파섹이 3.26156광년이라는 꽤 먼 거리이니 어차피 정확한 측정은 어렵지 않을까'라고 생각할 수도 있겠습니다만, 천문학에서는 이 정도 수치는 별로 큰 값도 아니죠. 천문학계에서 다루는 일반적인 변광성은 쌍성계의 두 개의 별로서 쌍을 이룬 두 별이 서로 돌아 지구에서 관측하면 하나의 별이 파트너 별을 가려 일종의 일식이 일어나 관측상의 밝기가 밝아졌다가 어두워지는 사이클을 반복하는 타입입니다. 하지만 리빗이 주목한 세페우스 좌의 변광성은 쌍성이 아닌 독자적으로 밝기를 변화시키는 별이었습니다. 리빗의 세페이드 변광성은 중력 수축과 내부의 핵융합 반응에 의해 발생하는 열에 의한 압력이 서로 주고받는 상호작용을 일으켜 별의 밝기가 주기적으로 변하는 별이었습니다. 중력수축에 의해 별이 작아지면 갑자기 어두워졌다가 핵융합 반응의 압력 때문에 부풀어 오르면 다시 밝아집니다. 간단히 말하면 정확한 주기로 깜빡깜빡거리는 별이라고 할 수 있겠습니다. 리빗은 소마젤란 성운을 뒤져 10년이 넘는 기간 동안 1,777개의 변광성을 발견하고 그중 25개의 세페이드 변광성을 조사하여 변광성의 주기가 길수록 밝기도 더 밝다는 사실을 발견합니다. 이리하여 세페이드 변광성끼리의 상대적인 거리를 산출할 수 있게 되었습니다. 깜빡거리는 주기를 비교하면 같은 거리에 있는 변광성들의 밝기를 비교할 수 있고 여기에 별의 '겉보기 밝기'를 감안하면 모든 세페이드 변광성의 상대적인 거리를 산출할 수 있습니다. 여기서 '겉보기 밝기'란 '절대 밝기'가 아닌 거리에 의해 나타나는 별의 밝기를 의미합니다. 절대 밝기는 별의 고유한 밝기를 의미하지만 겉보기 밝기는 거리가 멀어지면 멀어질수록 어두워지는 별의 밝기를 의미하죠. 다시 말해 리빗이 발견한 표준광원으로서의 세페이드 변광성의 밝기가 가장 밝은 피크와 피크 간의 시간 간격을 관찰하여 산출된 고유의 광도를 겉보기 밝기와 비교해 보면 지구로부터의 거리를 비교적 정확하게 얻을 수 있습니다. 에드윈 허블은 우리 은하의 외부에 있는 은하의 세페이드 변광성을 통해 지구와 은하 간의 거리를 산출합니다. 허블이 눈여겨본 은하는 안드로메다였죠. 리빗의 방법론을 계승한 허블은 1923년 당시 세계에서 가장 큰 윌슨산 천문대에서 안드로메다 성운을 촬영하여 세페이드 변광성을 찾아냅니다. 이 사진을 판독하여 지구에서 안드로메다까지의 거리가 약 90만 광년이라는 결론을 냅니다. 역사상 처음으로 지구에서 안드로메다 은하까지의 거리를 세페이드 변광성을 이용하여 측정해 낸 겁니다.

허블은 은하의 별빛 스펙트럼을 조사하여 은하의 거리와 스펙트럼의
적색편이赤色偏移red shift 간에 비례 관계가 있다는 사실을 발견합니다.
아시다시피 어떠한 흑체의 복사 스펙트럼에 적색편이가 나타난다는 건
이 흑체가 관찰자로부터 멀어지고 있다는 의미가 됩니다. 즉, 은하의
거리와 은하의 스펙트럼상 적색편이에 비례 관계가 있다는 건 은하가
멀리 있을수록 지구로부터 더 빨리 멀어져 간다는 걸 의미합니다. 이를
'허블법칙'이라 부릅니다. 이리하여 1929년 허블은 처음으로 은하의 거리와
후퇴 속도가 비례 관계라는 사실을 발견하였지만, 이 관계가 무엇을
의미하는지는 알지 못했습니다. 이를 해석해 낸 이가 당시 세계에서 가장
명망 높던 영국 천문학자 아서 에딩턴Arthur Eddington이었습니다. 에딩턴은
1933년 허블의 발견을 기반으로 저서『팽창우주The Expanding Universe』를
발표하며 허블법칙은 우주 팽창을 의미한다고 설명합니다. 하지만 허블과
에딩턴의 관측과 추론이 빅뱅 우주론의 내부 논리와 첨예하게 충돌하리라는
걸 누가 알았겠습니까.

허블법칙은 우주가 팽창하고 있다는 놀라운 사실을 알려주기도 했지만
오랫동안 어렴풋이 추정만 가능하던 우주 연령의 문제를 파악할 수
있는 실마리를 제공하기도 했습니다. 관찰되는 어떤 은하의 거리를 그

은하의 후퇴 속도로 나누어주면 현재 거리만큼 멀어지는 데 걸린 시간을
간단히 구할 수 있습니다. 아니, 그동안 그렇게 우주 연령을 구하지 못해
고민했는데 이렇게 간단하고 허망하게 계산할 수 있다니…. 한편으로는
기쁘고 한편으로는 허탈하기도 하죠. 하지만 이야기가 그리 간단하지
않습니다. 은하의 거리를 구하는 기준이 되는 요소들, 즉 변광성의 성질과
이를 통해 얻어 내는 허블상수가 정밀하게 구해지지 못하면 엄청난
오차가 발생하기 때문입니다. 허블은 자신이 주창하는 허블상수를
약 550㎞/s/Mpc으로 보았습니다. 앞서 언급하였듯이 허블이 추정한
허블상수를 우주 연령 계산에 적용하면 우주는 말도 안 되는 18억 살이
됩니다. 자신이 발견한 상수를 터무니없이 높게 잡았지만 이는 어디까지나
정밀한 관측이 불가능했기 때문이죠.

허블의 시대에는 알 수 없었지만 1940년대가 되자 천문학자들은 대부분의
별들이 두 가지 '종족'으로 분류 가능하다는 사실을 발견합니다. 붉은
별은 종족 2에 속하며 이 별들이 죽음을 맞이하면 그 잔해를 재료로 삼아
새로운 젊은 별 종족 1이 만들어진다는 사실을 발견한 겁니다. 일반적으로
종족 1의 별은 종족 2의 별보다 고온 상태이며 밝게 빛나 푸른 빛을 띱니다.
1952년 윌슨 천문대의 빌헬름 하인리히 발터 바데Heinrich Walter Baade는

세페이드 변광성도 두 종류로 분류할 수 있다고 가정하여 안드로메다 은하까지의 거리 측정에 심각한 오류가 있을 수 있다는 가능성을 제기합니다. 절대 권위였던 허블의 관측에 이견을 표명한 천문학계의 반역이었죠. 안드로메다 은하가 허블이 계산한 거리보다 더 멀리 있을지도 모른다는 바데의 논증은 두 단계로 이루어져 있습니다. 먼저 종족 1의 세페이드 변광성은 동일한 주기를 가지는 종족 2의 세페이드 변광성보다 고유의 광도가 높을 수 있다는 가정으로 출발합니다. 안드로메다 은하의 밝게 빛나는 종족 1의 세페이드 변광성만을 관찰하고 믿고 있었지만, 실제로 이루어진 세페이드 변광성을 이용한 거리 측정은 우리 은하 내부에 있는 종족 2의 어두운 세페이드 변광성을 기반으로 하여 이루어지고 있었던 건 아니었나 하는 합리적인 의심이 이어질 수밖에 없었습니다. 세페이드 변광성에 두 가지 종류가 있다는 사실을 몰랐던 이전 세대의 허블이 우리 은하 내부에 있는 어두운 변광성과 안드로메다 은하의 밝은 변광성을 비교하는 오류를 저질렀다는 주장입니다. 이 주장을 바탕으로 허블이 안드로메다 은하까지의 거리를 실제보다 더 가깝게 산출할 수밖에 없었다는 추론이 나옵니다. 종족 1의 세페이드 변광성은 동일한 변광 주기를 가지는 종족 2의 세페이드 변광성보다도 평균 4배 정도 밝게 보입니다. 그러니까, 어떤 별이 관측자로부터 2배 멀리 떨어져 있다면 밝기는 4배로 어두워지는 셈입니다. 이에 따라 안드로메다 은하 내부의 종족 1의 세페이드 변광성이 종래의 거리 측정에서 종족 2의 세페이드 변광성보다 4배 밝았다면 이 수치가 상쇄되어 거리를 두 배로 늘려 잡아야 하는 겁니다. 이 논리를 적용하니 지구에서 안드로메다 은하까지의 거리는 90만 광년이 아니라 약 2백만 광년이 됩니다. 안드로메다 은하까지의 거리는 다른 은하까지의 거리를 추정하는 데 기준값으로 사용되어 왔기에, 안드로메다까지의 거리가 2배로 늘어나니 모든 은하까지의 거리도 덩달아 2배로 늘어납니다. 다행스럽게도 은하의 후퇴 속도의 추정치는 분광학과 적색편이로부터 유도되었기 때문에 은하까지의 거리 측정 방식과는 아무 상관이 없었습니다.

모든 은하까지의 거리가 2배로 늘어나고 우주의 확장 속도가 그대로라는 전제로 다시 우주의 연령을 추산하게 되었습니다. 이 계산에 기반하여 천문학자들이 추정한 우주의 나이는 이전의 18억 년에서 적어도 36억 년으로 늘어납니다. 아직 정확한 우주의 나이가 산출되지는 못했지만 어찌 되었건 36억 년은 그 당시 지구의 나이 추정치와 모순되지 않는 시간이었죠. 하지만 우주의 나이 36억 년은 여전히 별과 은하의 생성에는 충분치 못한 시간입니다. 바데의 수정 계산에도 불구하고 빅뱅 이론의 비판자들은 이 문제를 들어 '시간척도 문제'가 아직 해결되지 않았다며 부정적인 반응을 보였지만, 빅뱅 우주론의 지지자들은 전혀 흔들리지 않았습니다. 저명한 천문학자 허블의 관측치가 오류였다면 천문학에서 다루는 대부분의 추정치가 절대적으로 신뢰할 수 없는 수치가 되어 버립니다. 바데는 오류가 있는 관측치를 수정하여 우주의 연령을 2배로 늘렸습니다만, 안드로메다 은하까지의 거리 외에도 수많은 추정치를 대상으로 한다면 우주의 연령은 또 다시 몇 배로 늘어나게 될지도 모르는 일이었습니다.

바데는 빅뱅 우주론 모델의 결정적인 결점을 수정하는 방향으로 커다란 한 발을 떼었습니다만, 이보다도 더 중요한 의미는 천문학계의 일반적인 경향의 수정에 있다고 생각됩니다. 천문학계의 고질적인 문제점을 수면 위로 노출시켰다는 점에서 바데의 도발은 큰 도약이었습니다. 당시 천문학계의 가장 큰 문제는 권위를 향한 맹목적인 순종이었습니다. 허블의 명성과 권위 때문에 천문학자들은 허블이 추정한 안드로메다와 그 밖의 은하까지의 거리를 무비판적으로 수용해 버렸습니다. 저명한 인물의 주장과 관측 데이터라는 이유만으로 측정치를 아무런 추가 검증 없이 학계가 수용해 버렸다는 건 분명히 과학계의 심각하고 고질적인 문제적 관행이 아닐 수 없습니다. 바데의 우주 연령의 수정은 천문학자들의

집단주의적 관행에 경종을 울리는 쾌거였다고 생각됩니다. 우리나라의
황우석 박사 파동을 연상시키는 대목이 아닌가요.

바데는 안드로메다 은하의 거리를 수정하여 이를 통한 새로운 추정치를
계산하여 우주의 나이가 기존의 값보다 약 2배가량 늘어나야 한다는
결론을 1952년 로마에서 개최된 국제천문학회의에서 정식으로 발표하고
우주론계와 천문학계는 우주의 연령을 36억 년으로 수정하는 데
합의합니다. 이리하여 허블의 관측치가 정밀하지 못했다는 일반적인 합의가
도출되었습니다. 비록 허블의 추정치에 큰 오류가 있었지만 그의 업적의
가치는 무시되어서는 안 될 것입니다. 1923년 우리 은하에 엄청나게 많은
수의 은하가 존재한다는 사실을 처음으로 증명하여 기존 우주론의 논쟁에
마침표를 찍고, 1929년에는 은하의 적색편이를 발견하여 이를 계산하는
허블법칙을 만들었으며, 빅뱅 우주론과 정상 우주론 대결 구조의 기초를
마련한 장본인이 다름 아닌 에드윈 허블이기 때문입니다.

바데는 안드로메다 은하의 거리에 대해 권위에 의해 주어진 데이터를
다시 한 번 고려해 보는 과학자다운 태도를 갖추고 있었습니다. 아무리
권위적인 데이터라 할지라도 그 관측의 절대적 신뢰성에 의문을 던지고

이를 수정하려는 유연한 태도를 갖춤으로써 과거의 측정을 맹목적으로 수용하지 않고 재검토하는 과학적 정신을 발휘한 존경할 만한 천문학자입니다. 재확인을 통해 문제가 발견되면 아무리 권위적인 장벽에 부딪치더라도 기존의 패러다임을 과감히 폐기하고 새로운 돌파구를 모색해야 한다는, 어쩌면 당연한 과학적 태도를 몸소 실천한 인물이죠. 허블의 추정치를 수정한 바데의 용기는 과학계의 분위기를 혁신하였습니다. 측정치는 언제나 재검토를 거듭하여 다른 데이터들과 합치되어야 비로소 '사실'로 받아들일 수 있다는 관측 과학의 기본 태도입니다. 언제나 반항 정신을 가지고 회의적인 태도를 가져야 한다는 과학의 기본 정신을 다시금 과학계 전체에 상기시킨 위업이라 평가할 수 있습니다.

바데의 제자였던 앨런 샌디지Allan Sandage는 스승의 측정치를 재검토하여 다시금 우주의 나이에 수정을 가해야 한다는 연구 결과를 내놓습니다. 청출어람이죠. 샌디지가 천문학계에 몸을 담고 있던 당시 아주 먼 은하에 대한 거리 측정에는 더 이상 세페이드 변광성 테크닉을 적용할 수 없다는 주장이 제기되어 있었습니다. 엄청나게 먼 거리의 세페이드 변광성의 광도를 검출하는 일이 그리 쉽지 않았기 때문입니다. 이 때문에 천문학자들은 완전히 새로운 방법을 택하지 않으면 안 되었죠. 이 새로운 방법은 기존에 온당하다고 판명된 가정에서 출발합니다. 안드로메다 은하 내부의 가장 밝은 별의 고유 광도는 다른 어떠한 은하든지 상관없이 모든 은하 내부의 가장 밝은 별의 고유 광도와 동일하다는 가정입니다. 사실 이 가정은 관측 사실에 기반하는 가정이 아니라 세페이드 변광성 거리 측정 테크닉을 발전시키기 위한 근거 없는 가정이었습니다. 대부분의 천문학자들이 이 가정의 논리적 근거가 불안하다는 사실을 알고 있었지만 다른 뾰족한 방법이 없었으니 별수 없이 이 가정을 마치 사실처럼 받아들일 수밖에 없었습니다. 이 가정을 그대로 유지한다면 먼 거리의 은하 내부의 가장 밝은 별의 겉보기 밝기가 안드로메다 은하의 가장 밝은 별의 겉보기 밝기와 비교하여 100분의 1일 경우 겉보기 밝기는 거리의 제곱에 반비례하여 어두워지게 된다는 계산을 통해 안드로메다 은하보다 10배 멀리 떨어져 있다는 결론을 내릴 수 있습니다.

하지만 샌디지는 은하 내부의 가장 밝은 별을 이용하여 거리를 추정하는 테크닉에 근본적인 결함이 있다는 주장을 펼칩니다. 멀리 떨어져 있는 은하의 거리는 빅뱅 우주론 모델의 중요한 요소인 우주의 나이를 추정하는 데 극히 중요한 의미를 가집니다. 샌디지는 바데의 연구를 바탕으로 은하까지의 거리를 다시 2배로 늘린 추정치를 내놓습니다. 따라서 바데가 추정한 우주 나이 36억 년은 1954년에는 샌디지에 의해 다시 55억 년으로 수정됩니다. 샌디지는 1950년대 전반에 걸쳐 꾸준히 측정 방법을 개선하고 관측 해상도를 향상시켜 결과적으로 우주 나이를 1백억 년에서 2백억 년 사이로 추정합니다. 물론 1백억 년과 2백억 년은 엄청난 오차 범위를 가지기에 우주 연령 문제를 직접적으로 다루기엔 부정확하고 어중간한 수치일 수 있겠지만, 어찌 되었건 우주의 나이가 이렇게 길어지자 정상 우주론의 지지자들도 빅뱅 우주론의 '시간척도의 문제'를 더 이상 문제 삼지 못하게 되었죠. 이리하여 빅뱅 우주론을 괴롭히던 '우주 연령', 즉 '시간척도의 문제'는 오랜 시간이 걸리긴 했지만 원만하게 해결되었습니다. 오늘날의 관측에 따른 138억 년이라는 우주 연령은 어떻게 구할 수 있었을까요?

역시 관측 기술의 발전에 따라 최근까지도 허블상수의 수정이 계속되었고 이에 따라 우주 연령도 꾸준히 변경되어 왔습니다. 1958년 75㎞/s/Mpc으로 예측되었던 허블상수는 2001년 72㎞/s/Mpc로 수정되었고, 2010년에는 70.4㎞/s/Mpc로 수정되었다가 2012년 WMAP 위성의 관측에 의해 69.32㎞/s/Mpc로 개정되었습니다. 가장 최근에는 2013년 플랑크 우주망원경의 관측에 의해 67.80㎜/s/Mpc(오차 0.77)로 측정되었지만, 누가

세페이드 변광성의 데이터를 면밀히 검토하는 헨리에타 리빗

알겠습니까. 보다 정밀한 측정에 의해 새로운 허블상수가 등장할지.

허블상수의 측정치에 따라 우주 연령도 꾸준히 변화해 왔습니다만, 가장 최근의 우주 연령 추정치는 2013년의 허블상수를 통해 산출된 137.98억 년 (오차 0.37억 년)입니다. 즉, 137.61억 년에서 138.35억 년이라고 볼 수 있습니다.

8. 각종 원소를 만들기 위한 적당한 온도의 개별적인 공장

우여곡절 끝에 우주의 연령에 관한 문제, 즉 '시간척도의 문제'는 해소되었지만, 빅뱅 우주론이 정상 우주론을 따돌리고 패러다임의 지위를 얻기 위해서는 여전히 심각한 문제를 안고 있었습니다. 시간척도의 문제 이후의 최대의 난문은 '원소 합성' 문제였습니다. 특히 무거운 원소의 합성 메커니즘을 빅뱅 우주론의 모델로는 설명할 수 없었죠.

빅뱅 우주론의 수장인 조지 가모프는 빅뱅으로부터 1시간 경과 후 모든 원자핵이 합성되었다고 자신 있게 주장하고 있었지만, 여전히 빅뱅 직후의 고온고압 상태에서 생성 가능한 수소와 헬륨의 간단한 원자핵이 아닌 다른 무거운 원소들의 합성 메커니즘은 전혀 설명할 수 없었습니다. 이 원소들이 빅뱅 직후에 합성되지 않았다면 도대체 어디에서 어떻게 만들어진 걸까요?

천문학자 에딩턴은 원소 합성이 별의 내부에서 일어난 건 아닐까 하는 가설을 조심스럽게 내놓았습니다. 하지만 별의 온도는 표면에서는 수천 도에 지나지 않으며 별의 중심부라 하더라도 당시에는 수백만 도 정도로 추정되었기에, 이 정도 온도라면 수소와 헬륨의 합성은 가능할지 모르겠지만, 무거운 원소의 원자핵을 만드는 데에는 한참 모자라는 환경이라는 반론이 빗발쳤습니다. 무거운 원소 합성에는 적어도 수억 도

이상의 온도가 필요했기 때문입니다. 빅뱅 우주론에의 반론자들과 정상 우주론의 지지자들은 네온의 합성에는 30억 도, 규소에는 130억 도가 필요하다고 지적하며 빅뱅 우주론으로는 절대 원소 합성을 설명할 수 없다고 비판하였습니다. 빅뱅 우주론의 비판자들이 많은 원소들 중에서도 네온과 규소를 문제 삼은 이유가 여기에 있습니다. 네온을 생성할 수 있는 환경의 온도가 규소를 생성시키는 온도보다 훨씬 낮다는 문제입니다. 규소가 생성될 수 있을 정도의 환경에서 네온은 생성되자마자 안정되지 못하고 곧바로 무거운 원소로 변환되어 버릴 것이기 때문입니다. 이렇게 되면 각종 원소를 만들기 위한 적당한 온도의 개별적인 공장이 필요하게 됩니다. 누구나 상식적으로 생각해 보아도 각각의 원소를 생성하기 위한 별도의 공장이 존재한다는 가설은 실재할 가능성이 낮을 수밖에 없었습니다.

이 수수께끼를 해결하는 데 가장 큰 공헌을 한 이는 역설적이게도 정상 우주론의 주창자인 물리학자 프레드 호일Fred Hoyle이었습니다. 호일은 원소합성의 문제를 빅뱅 우주론과 정상 우주론의 쟁점이 아니라 우주론에서의 일반적인 문제로 다루어 선입견이나 편견을 가지지 않고 접근하였지만 실제적으로는 빅뱅 우주론의 가장 심각한 내부적 문제를 해결하는 데 가장 큰 조력자가 되고 말았죠. 빅뱅 우주론은 초기 우주에 존재했던 기본 입자들이 다양한 존재 비율의 무거운 원소로 변환된 이유를 설명해야만 했고 정상 우주론은 후퇴하는 은하와 지구 사이의 공간에서 생성된 입자가 어찌하여 무거운 원소로 변환되는가를 설명하여야 했습니다. 호일은 우주론 연구자로서 일찍이 원소 합성의 문제를 고찰하였지만 별다른 돌파구를 찾지 못하다가 1940년대 말이 되어서야 이 문제에 본격적으로 뛰어듭니다.

호일은 별이 진화하는 과정에서 시간이 경과하면서 어떤 일이 벌어지는가를 찬찬히 생각해 보았습니다. 어린 시절을 거쳐 청년기를 지나 중년에 접어드는 별은 일반적으로는 내부적으로 안정된 환경을 만들어 수소를 융합하고 헬륨을 만들어 나갑니다. 이 과정에서 열이 발생되고 방사되면서 별은 에너지를 조금씩 잃게 되죠. 이 과정이 진행됨과 동시에 별은 스스로의 질량이 만들어 내는 중력장에 의해 안쪽으로 말려들어 갑니다. 이때 별의 중심부의 고온에 의해 외측을 향해 발생하는 막대한 압력이 별의 내부로의 중력붕괴에 저항합니다. 어느 시점인가에서 중력장에 의한 중력붕괴와 내부의 압력이 서로 평형 상태를 이루게 됩니다. 별의 평형 상태는 안정적이기는 하지만 때때로 중력에 의한 붕괴가 강해지거나 내부로부터의 저항이 강해지는 등 균형이 살짝 무너지기도 하죠. 하지만 어느 선에서 다시 평형 상태로 되돌아갑니다. 이러한 미세한 요동이 앞서 언급한 세페이드 변광성의 밝기가 주기적으로 변하는 이유입니다. 물론 이후의 연구로 변광성의 주기는 쌍성에서도 발생하는 것으로 알려지게 되지만 중력붕괴와 내부압력의 상호작용이 변광성의 주기를 일으키는 주요 원인인 건 확실합니다.

호일은 중력에 의한 붕괴와 이에 저항하는 내부 압력과의 균형에 대한 기존의 이론적인 연구를 자세히 살펴보았습니다. 호일이 궁금했던 점은 이 균형이 무너질 때 어떤 일이 벌어지는가의 문제였습니다. 호일은 별의 일생이 끝나가는 무렵 수소를 연료로 사용하다가 모두 소진시켜 버리는 순간 어떤 일이 벌어지는가에 초점을 맞추고 연구를 진행합니다. 기존의 이론에 의하면 수소가 소진된 때부터 별의 온도는 내려가기 시작하는 것으로 알려져 있었습니다. 온도가 내려가면 외측을 향한 압력도 낮아지게 되어 또 다시 균형이 깨지고 중력에 의한 수축이 지배적인 상황이 만들어집니다. 하지만 호일은 중력수축만으로 이 과정을 설명하는 데 불만을 품었으며 이 부분이 호일의 연구에서 중요한 의미를 가지게 되는 핵심 국면이 됩니다.

9. 기가 막히게 좋은 타이밍에
적당한 속도로 충돌하여
핵융합을 일으키는 확률

별의 일생에 대한 일반 이론을 조금 더 들여다보는 일이 호일의 기발한 구상을 이해하는 데 도움이 될지도 모르겠습니다. 논의의 편이를 위해 별의 일생을 별의 탄생이 아니라 별의 죽음에서 시작하는 것이 좋을 듯합니다. 별이 노년기에 접어들어 내부를 향해 중력붕괴를 시작하면 별의 중심부가 압축됩니다. 압축 과정에 의해 내부 온도는 상승하게 되어 외측을 향한 압력이 상승하게 되고 평형에 다다르면 중력붕괴가 멈춥니다. 중력붕괴에 의한 내부압축으로 온도가 상승하는 이유는 여러 가지가 있습니다만, 그중에서도 중심부가 압축되면서 핵반응이 촉진되어 열이 생성되는 양이 증가하기 때문이라는 이론이 지배적입니다. 열의 생산량이 커지게 되면 별은 일단 안정된 상태로 돌아가게 되는데, 이 안정 상태는 어디까지나 지속되지 못하는 일시적인 상태일 수밖에 없습니다. 별의 즉각적인 죽음이 살짝 연기된 것뿐이죠.

별은 또 다시 연료를 소비하며 얼마 남지 않은 연료가 바닥날 때까지 연소를 계속합니다. 연료가 충분치 못해 에너지가 생산되지 못하면 중심부의 온도는 또 다시 내려가기 시작하며 다시금 중력붕괴가 시작됩니다. 중력붕괴로 다시 중심부 온도가 올라가고 붕괴는 일시적으로 멈춥니다. 이 안정 상태가 연료를 다 써버리기 전까지 유지되다가 다시

붕괴가 시작되죠. 이 과정이 반복되면서 대부분의 별들은 천천히 죽음을 맞이하게 됩니다.

호일은 다양한 별들을 조사하여 수년에 걸친 연구 끝에 각종 별이 죽음에 가까워지면서 내부의 압력과 온도가 어떻게 변화하는가를 계산하였습니다. 호일의 연구가 중요한 이유는 별이 죽음을 향해 달려가면서 격렬한 붕괴를 반복하는 과정을 거치는 각 단계에서 어떠한 핵반응이 일어나는가에 대한 자세한 고찰을 했기 때문입니다.

호일은 극단적인 고온과 고압이 다양한 방식으로 조합되면 광범위한 영역의 다양한 종류의 원자핵이 생산된다는 결정적인 사실을 발견하였습니다. 이리하여 어떠한 종류의 별이라도 일생을 거치면서 내부의 조건이 드라마틱하게 변하기 때문에 수많은 종류의 원소를 합성할 수 있는 '다목적 공장'이 될 수 있다는 사실을 알게 되었습니다. 호일의 계산은 우리가 볼 수 있는 거의 대부분의 원소에 대해서 어째서 오늘날과 같은 존재 비율이 되었는가, 어째서 우주에는 산소와 철이 풍부한 반면 금과 플래티넘이 희귀한가에 대해 설명해 줍니다.

무거운 별의 죽음의 과정은 예외적인 경우로서 일단 붕괴가 시작되면 멈추지 못하고 계속 진행되어 순식간에 죽음에 이르게 됩니다. 별이 죽음의 과정에 들어가는 순간의 상태를 '초신성超新星'이라는 근사한 이름으로 부르죠. 초신성은 엄청나게 격렬한 폭발을 일으킵니다. 초신성 하나가 일반적인 별의 백억 배의 밝기를 내는 에너지를 방출할 정도이니까요. 호일은 초신성이 궁극의 조건에 이르면 일반적인 별에서는 일어나지 않는 특수한 핵반응이 발생할 것이라는 가정을 세웁니다. 호일은 바로 이 과정에서 무거운 원소들의 원자핵이 생성될 것이라 예측하였습니다.

호일의 연구에서 가장 중요한 성과 중 하나는 별의 죽음이 원소 합성 과정의 종언이 아니라는 사실을 밝혀낸 점입니다. 별이 격렬한 붕괴를 일으키고 폭발하게 되면 충격파가 발생하게 됩니다. 이 엄청난 파동이 별을 구성하던 원소를 우주 곳곳으로 맹렬한 속도로 뿌립니다. 이렇게 뿌려진 별의 원소들에는 별의 죽음에 가까운 최종 단계에 이르러 비로소 시작되는 특별한 핵반응에서 합성되는 원소들도 포함됩니다. 이 별의 먼지가 죽은 별로부터 뿌려져 우주 공간을 떠다니다가 다른 원소들과 융합하여 점점 커지고 엉기기도 합니다. 미세한 중력이지만 충분한 시간이 흐르면 먼지들이 서로에게 이끌려 엉겨 붙어 또 다시 중력수축을 일으킵니다. 새로운 별의 탄생이죠. 이렇게 만들어진 다음 세대의 별은 처음부터 무거운 원소를 포함하고 있기 때문에 원소 합성의 관점에서 본다면 최초의 원소 생성 과정을 뛰어넘어 중간 과정부터 시작할 수 있습니다. 처음 세대의 별들이 폭발하여 죽음을 맞이할 때보다 더욱 무거운 원소가 내부적으로 합성될 수 있는 것이죠. 호일은 오랜 고찰 끝에 우주론 최대의 수수께끼에 완벽한 답을 제시하였습니다.

완벽해 보이는 호일의 원소생성론에도 여전히 몇 가지 문제는 남아 있었습니다. 수소가 헬륨이 되고, 헬륨이 탄소가 되고, 탄소가 다양한 무거운 원소로 변환되는 계산은 완벽했습니다. 하지만 천하의 호일도 헬륨이 탄소가 되는 과정을 계산상으로만 설명할 수 있었을 뿐 이 과정이 실제로 화학적으로는 어떻게 진행되는지에 대해 명확히 묘사할 수가 없었습니다. 헬륨을 탄소로 변환시키는 경로가 뭐 그리 중요한가, 그냥 서로 중력에 이끌려 부딪치면 합성이 완성되는 건 아닌가라고 생각할 수도 있지만, 이 생성 과정이 그렇게 간단하지 않습니다. 만약 탄소의 생성 과정을 명확히 밝혀내지 못한다면 다른 모든 핵반응에 의한 원소 합성도 그저 가설에 지나지 않게 되어 버리기 때문에 이 과정의 해명은 상당히 중요했습니다.

탄소 중에서 우리우주에서 가장 보편적으로 존재하는 종류는 6개의 양성자와 6개의 중성자, 즉 다 합해 12개의 핵 구성 입자를 가지는 탄소입니다. 이 탄소가 '탄소 12'라 불리는 원소이죠. 헬륨 중에서 가장 흔한 종류는 2개의 양성자와 2개의 중성자로 이루어진 4개의 핵자를 가지는 '헬륨 4'입니다. 따라서 문제를 풀기 위해선 3개의 헬륨 4가 모여 하나의 탄소원자핵으로 변환되는 메커니즘이 필요합니다. 세 개의 헬륨 4가 동시에 충돌하여 탄소원자핵이 되는 경우를 생각해 볼 수 있지만, 세 개체가 완전히 동시에 충돌하는 상황은 현실적으로 불가능하다고 할 수 있을 것입니다. 3개의 헬륨이 완전히 동시에 동일한 장소에서 기가 막히게 좋은 타이밍에 적당한 속도로 충돌하여 핵융합을 일으키는 확률은 제로에 가깝죠. 하지만 두 개의 헬륨이 부딪쳐 '베릴륨'을 만드는 일은 그리 어렵지 않을 수도 있겠습니다. 이 베릴륨 8에 다시 헬륨 4가 충돌하면 비로소 12개의 핵자를 가지는 탄소가 만들어질 수 있죠. 여기에서의 문제는 베릴륨이 극도로 불안정한 원소라는 사실입니다. 베릴륨은 형성 직후 일반적으로 십억 분의 1초 후에 자발적 붕괴를 일으킵니다. 십억 분의 1초 이내에 헬륨 4가 부딪치지 않으면 탄소는 생성될 수 없을 것입니다. 또한 헬륨 원자핵과 베릴륨 원자핵의 질량을 더하면 탄소 원자핵의 질량보다도 훨씬 무겁다는 사실도 문제입니다. 헬륨과 베릴륨이 융합한다면 여분의 질량은 에너지로 바뀌어야 할 것입니다. 아인슈타인의 $E=mc^2$가 생각나실 겁니다. 질량과 에너지의 등가원리이죠. 반응 주체의 질량이 크면 클수록 반응을 일으키는 시간은 길어집니다. 이 시간이 베릴륨이 자발적 붕괴를 일으켜 소멸하는 시간보다 길다면 문제가 되죠. 베릴륨의 수명이 엄청나게 짧아 탄소가 생성되려면 반응이 엄청나게 빠른 속도로 이루어지지 않으면 안 됩니다.

여기에서 호일은 과학 역사상 가장 혁신적인 '직관의 비약'을 선보입니다. 탄소의 원자핵이 '들뜬 상태'에서 일반적인 경우의 질량보다 큰 질량값을 가지게 될지도 모른다는 가설을 세운 겁니다. 막 생성된 탄소원자핵은 에너지를 함유하고 들떠 있는 상태여서 질량이 아닌 에너지가 그대로 원자핵 내부에 남아있는 특수한 경우를 생각해 낸 겁니다. 만일 이러한 특수한 상태의 탄소원자핵이 존재할 수 있다면 헬륨 4와 베릴륨은 융합하여 모순되지 않는 조건하에서 탄소 12가 될 수 있습니다.

호일은 들뜬 상태의 탄소원자핵은 일반적인 탄소원자핵보다 7.65MeV만큼 많은 에너지를 가지게 될 것이라 예측하였습니다. 1953년 호일이 탄소의 들뜬 상태가 존재할 수 있다고 예측한 직후 캘리포니아 공과대학 혹은 통상 칼텍이라 불리는 대학연구소에서 자신의 가설을 검증할 기회를 얻습니다. 조심스런 실험을 통해 탄소 12를 조사해 본 결과 호일이 예견한 탄소원자핵이 높은 온도에서 들뜬 상태를 발견할 수 있었습니다. 호일이 예언한 정확히 7.65MeV만큼 들뜬 상태였습니다. 천재만이 보여줄 수 있는 비범한 창조적 재능의 발휘입니다. 이어진 연구에서 호일은 헬륨이 베릴륨으로, 또 다시 2억 도의 환경에서 탄소로 변환되는 메커니즘을 확실히 밝혀낼 수 있었습니다. 물론 생산되는 탄소의 양은 그리 많지 않습니다만, 수억 개의 별들의 내부에서 수억 년에 걸친 세월이 흐르면 상당한 양의 탄소가 만들어질 수 있을 것으로 예상할 수 있습니다.

호일의 헌신적인 연구로 가장 가벼운 원소인 수소가 탄소로 변환되고 이 원소 합성 과정을 반복하여 이윽고 상당히 무거운 원소인 철로 변환되는 과정이 밝혀졌습니다. 물론 이 원소 합성 과정이 제대로 진행되려면 별의 중심부와 같은 극적인 환경이 필요합니다. 태양 질량의 약 25배 정도의 질량을 가진 별을 예로 들어봅시다. 별의 일생의 초기에서 중심의 온도는 4천만 도까지 상승하여 1천만 년에 걸쳐 수소가 헬륨으로 변환됩니다. 다음으로 중심 온도 2억 도에서 1백만 년이 걸려 헬륨이 탄소로 변환됩니다. 이어 6억 도에서 600년 걸려 탄소가 네온/마그네슘이 되고, 그리고 네온은 다시 산소로 변환되며, 15억 도에서 6개월간의 짧은 기간에 산소가 황과

규소로, 곧이어 27억 도에서 규소가 철로 변환됩니다. 이리히여 가장 가벼운 수소에서 시작하여 무거운 원소인 철까지 상당한 시간에 걸쳐 원소가 생성되고 변환되는 과정이 규명되었습니다. 여기까지 진화한 별은 이제 죽음의 길로 치닫습니다. 중심부의 온도가 54억 도에 이르러 0.25초 동안 극적인 중력붕괴를 일으키다가 내부압력에 의해 0.001초 이상 평형 상태를 유지하고 230억 도까지 상승하여 결국 폭발하게 됩니다. 별은 폭발하면서 지금까지 생산한 원소들을 우주 전 방향을 향해 흩뿌립니다. 탄소의 생성을 설명할 수 있게 되자 우주에 존재하는 모든 원소들의 생성은 별 중심부의 핵반응에서 생산될 수 있다는 사실을 증명할 수 있게 되었습니다.

호일의 입장에서 자신의 설명은 정상 우주론에 있어서도 커다란 한 걸음이었습니다. 호일의 원소 합성 이론에 따라 정상 우주론은 후퇴하는 은하들 사이의 공간에서 생성된 원시적인 물질들이 서로 융합하면서 별과 새로운 은하를 형성하고 별이 폭발하면서 생산된 원소들을 우주 곳곳에 흩뿌려 다시 별을 만드는 재료가 된다는 주장을 할 수 있었기 때문입니다. 호일 이후에는 별의 용광로 안에서 현재 우리가 발견할 수 있는 무거운 원소가 합성되었다는 설명을 자신 있게 펼칠 수 있게 되었습니다. 하지만 호일의 연구는 빅뱅 우주론의 모델에도 큰 영향을 끼쳤습니다. 우주창조

직후에 생성된 수소와 헬륨으로부터 무거운 원소가 생성되는 메커니즘이 불분명했기에 정상 우주론자들의 비판을 받고 있던 차에 호일의 설명이 소중한 구원 투수가 되었기 때문이죠.

원소 생성의 문제가 해결되자 양 모델의 가장 어려운 문제점이 해결되어, 얼핏 보면 이 승부는 비긴 듯이 보입니다. 빅뱅 우주론과 정상 우주론 모두 별의 내부에서 일어나는 동일한 과정을 모델에 적용시키면서 양 진영의 지지자들 모두가 행복한 미소를 지을 수 있었지만, 사실은 수소와 헬륨의 생성과 존재 비율을 설명할 수 있는 빅뱅 우주론이 더 큰 수혜를 얻을 수 있었다고 해석할 수 있습니다. 하지만 빅뱅 우주론은 호일의 원소합성 메커니즘을 통해서도 헬륨의 생산 시간 문제를 해결하지 못하고 있었습니다. 헬륨은 수소 다음으로 우주에 풍부하게 존재하는 원소로서 수소를 기반으로 생성되지만 생성 과정에 엄청난 시간이 소요됩니다. 태양과 같은 항성이 불타오르면서 꾸준히 시간을 들여 천천히 생산해야 하기 때문입니다. 따라서 빅뱅 우주론의 관점에서 본다면 호일이 규명한 별의 원소합성 메커니즘만으로는 오늘날 우리가 보는 상당한 양의 헬륨의 존재 이유를 설명할 수 없었습니다.

이 문제를 해결하기 위해 가모프는 빅뱅 직후에 상당량의 수소가 헬륨으로 변환되었다면 오늘날의 우주에 존재하는 풍부한 헬륨을 설명할 수 있다는 가설을 주창합니다. 그러니까 항성이 만들어져 별 내부의 원소 합성 공장에서 헬륨이 만들어지는 것이 아니라 우주 초기의 뜨거운 시공에서 헬륨이 생산되었다는 주장을 내세운 겁니다. 정상 우주론에는 뜨거운 초기 우주의 환경은 존재하지 않기 때문에 헬륨은 전적으로 항성 내부에서만 생산될 수 있었죠. 이 가설을 기반으로 한 가모프의 계산에 의하면 헬륨은 우주에 존재하는 원소 전체의 10%에 달할 것이라고 예측되었습니다. 이 값은 오늘날의 최신 관측과 비교하여도 거의 일치하는 예측치입니다. 이에 반해 정상 우주론은 헬륨의 존재 비율을 설명할 수 없었습니다. 헬륨보다 무겁고 탄소보다는 가벼운 리튬과 같은 원소는 별의 내부에서는 합성될 수 없지만 빅뱅 직후의 고온에서는 수소가 헬륨으로 변환되는 때와 거의 동시에 생성될 수 있었기 때문입니다.

10. 귀소본능은 죽음을 초래할 수도 있다

빅뱅 우주론과 정상 우주론의 평가 기준과 검증 조건 중 하나인 '은하 분포 문제'에서도 두 우주론은 정면 충돌합니다. 두 모델이 어린 은하의 분포에 관해 내놓은 예측이 완전히 상반되는 태도를 가지기 때문입니다. 빅뱅 우주론과 정상 우주론의 은하 분포 예측을 비교해 볼까요?

먼저 빅뱅 우주론은 어린 은하가 존재하였던 건 초기 우주에 한정된 시기였다고 주장합니다. 오늘날에도 어린 은하를 관찰하는 일은 가능하지만 먼 우주공간에서만 관측할 수 있다는 주장입니다. 멀고 깊은 우주의 이미지를 바라보는 일은 마치 타임머신을 타고 과거로 가는 경험과 비슷합니다. 먼 우주의 빛은 먼 과거에 일어난 상황을 보여주고 있기 때문입니다. 지금 동시적으로 일어나고 있는 현상이 아닌 수십억 년 전의 빛입니다. 수십억 광년 먼 곳에서 우리를 향해 날아오는 빛은 우주가 생성된 지 얼마 안 된 초기 우주의 이미지라고도 이해할 수 있습니다.

이에 반해 정상 우주론은 어린 은하는 언제나 균일하게 분포되어야 한다고 주장합니다. 빅뱅이 아닌 오랫동안 존재해 온 우주를 전제로 하는 정상 우주론에 따르면 우주의 모든 공간에 언제나 그렇듯이 은하가 이미 생성되어 있기 때문입니다. 정상 우주론에서의 은하는 후퇴하는 은하 간의 공간에서 생성된 물질로부터 만들어집니다. 따라서 어린 은하는 멀건 가깝건 동일한 분포로 발견되어야 합니다.

1963년 네덜란드의 천문학자 마르틴 슈미트Maarten Schmidt는 3C273이라 불리는 전파천체를 조사하고 있었습니다. 이 즈음에는 전파원電波原의 대부분이 먼 거리의 은하라고 추정하고 있었습니다만, 273으로부터의 전파 신호는 아무리 생각해 보아도 상정 범위 이상의 강력한 전파 신호였습니다. 슈미트는 우리 은하 내부의 새로운 종류의 특이한 별이 아닐까 하고 의심하였죠. 하지만 273을 광학망원경으로 들여다보아도 은하의 형태가 아닌 조그만 점으로만 나타나고 있었습니다. 슈미트는 273으로부터 방출되는 빛의 파장을 측정하여 이 별의 구성 요소를 판별해 보려 했습니다만, 이상야릇한 결과에 고개를 갸우뚱할 수밖에 없었습니다. 일반적인 수소의 스펙트럼과 조금 달랐기 때문입니다. 수소의 스펙트럼과 거의 같지만 약간 기울어져 있는 이상한 이미지가 검출되었죠. 며칠 밤을 뜬눈으로 지새우며 고심에 고심을 더한 끝에 슈미트는 자신이 검출한 스펙트럼이 수소의 스펙트럼이기는 하지만 지금까지 보지 못한 정도로 적색편이를 일으킨 결과라는 추론에 도달합니다. 3C273은 우리 은하의 일부라고 생각되었기에 이 결과는 충격적이었습니다. 당시 우리 은하의 대부분의 별들은 초속 50㎞ 정도의 속도로 움직인다고 알려져 있었습니다. 슈미트가 발견한 273의 적색편이 스펙트럼을 고려하면 273은 빛의 속도의 16%에 가까운 엄청난 속도로 움직이는 천체였습니다. 허블의 법칙에 따르면 3C273은 당시까지 검출된 천체 중에서도 가장 멀리 떨어진 천체였습니다. 은하계로부터 10억 광년 이상의 거리를 유지하면서 눈이 휘둥그레질 엄청난 속도로 우주공간을 내달리는 희한한 천체였죠. 슈미트는 오랜 연구 끝에 3C273이 우리 은하의 밝은 별이 아니라 엄청나게 멀리 떨어진 천체로서 가장 밝은 은하의 수백 배에 달하는 광도를 가진 멀리 떨어져 있는 별이라는 결론을 내립니다.

주의할 점은 슈미트가 말하는 '밝은 별'이라는 표현이 실제로 육안으로 밝게 보이는 별, 즉 망원경으로 들여다볼 때 훤하게 보이는 별이라는 의미가 아니라는 사실입니다. 슈미트가 언급하는 광도luminosity는 가시광선이 아닌 전파의 강도라는 의미입니다. 3C273은 '준-항성전파천체quasi-stellar', 즉 '퀘이사quasar'라는 이름으로 불리게 됩니다. '항성'이라는 이름이 붙은 이유는 엄청나게 먼 거리와 광도를 가진 이 천체가 우리 은하 내부의 항성과 비슷한 성질을 가졌기 때문이었습니다. 이후에 이와 비슷한 전파천체가 여럿 발견되었지만 천문학자들은 이 엄청난 에너지의 원천에 대해서는 전혀 단서를 잡을 수 없었습니다.

퀘이사의 분포 문제를 둘러싼 수수께끼는 빅뱅 우주론과 정상 우주론의 대결 구도에서 중요한 열쇠를 쥐고 있었습니다. 관찰 가능한 어떠한 퀘이사도 마치 우주의 끝에 있는 것처럼 멀어 보였습니다. 만약 퀘이사가 엄청나게 먼 거리에만 존재하는 것으로 관찰된다면 퀘이사가 방출하는 빛은 지구까지 도달하는 데 수십억 년이 걸릴 것입니다. 즉, 우리는 수십억 년 전의 퀘이사를 보고 있는 셈이지요. 하지만 우리 은하 근처에서는 단 하나의 퀘이사도 발견되지 않는 사실이 재미있습니다. 이는 퀘이사가 초기 우주에만 존재했었다는 간접적인 정황을 추론할 수 있는 근거입니다. 빅뱅 우주론이 예견하는 초기 우주의 고온고압의 조건이 퀘이사를 만들어 내는 데에는 최적의 환경이었을 것입니다. 초기 우주에는 지구 근방의 공간에도 퀘이사가 다수 존재하였을 것이라 생각됩니다. 시간이 흐르면서 퀘이사가 통상적인 은하로 진화하였다고 간주할 수 있기 때문입니다. 우리 은하 근처에서 퀘이사가 발견되지 않는 건 우주가 어느 시점인가에서 태어나 서서히 진화해 왔음을 의미합니다.

반면에 호일을 비롯한 정상 우주론자 진영에서 퀘이사의 분포는 짜증나는 문제였습니다. 정상 우주론에 있어 우주는 언제 어디에서나 항상 동일한 공간 형식을 가져야 하기 때문에 멀리 떨어져 있는 과거의 퀘이사만 존재할 것이 아니라 우리 은하 내부 혹은 근처에서도 퀘이사가 존재해야만 했습니다.

퀘이사의 분포 문제가 천문학계의 핫이슈로 불거지자 많은 천문학자들이 서서히 빅뱅 우주론이 보다 우월한 가설이라는 생각을 가지기 시작합니다. 정상 우주론은 퀘이사의 분포 문제를 기점으로 설득력을 잃어가기 시작했고 많은 천문학자와 우주물리학자들이 정상 우주론의 지지를 포기하고 빅뱅 우주론으로 갈아타기 시작합니다. 퀘이사의 관측이 천문학계의 중요한 주제가 되자 천문학자들은 광학망원경의 한계를 직감하기 시작합니다. 이러한 관심의 이동은 대부분의 관측천문학자들이 천문학의 미래가 전파천문학에 있음을 직감하고 큰 기대를 거는 계기가 되기도 했습니다. 새로운 세대의 천문학자들은 이제 세심하게 잘 갈아진 거울로 하늘을 올려다보는 시대는 지났다고 판단합니다. 이제 높은 산의 정상까지 거대한 거울을 옮겨 놓고 사진 건판에 희미하게 새겨진 별의 흔적을 확대경으로 관찰하는 천문학이 아닌 보이지 않는 별들로부터 날아오는 전파를 수신하는 안테나로 시선을 옮겨야 한다는 것입니다.

전파천문학 박사학위를 위한 연구에 매진하던 미국의 천문학자 로버트 윌슨Robert Wilson은 미국 뉴저지 주의 홀름델 크로포드 힐의 벨 연구소에 설치되어 있던 6㎡급 전파망원경에 눈독을 들이고 있었습니다. 벨 연구소의 전파망원경 조작을 담당하고 있던 천문학자 아노 펜지어스Arno Penzias와 윌슨은 대형 전파망원경 덕분에 운명적인 만남을 이루게 된 셈입니다. 벨 연구소의 전파망원경 안테나는 1960년에 발사된 통신위성 '에코Echo'로부터의 신호를 수신하기 위해 설계되었습니다. 에코 위성은 로켓에 실릴 때는 66㎝로 압축되어 있지만 일단 궤도에 올라가면 직경 60m의 거대한 구체로 부풀어오르는 특이한 위성이었습니다. 에코는 지구상에 설치된 송수신기 사이에 교환되는 신호를 궤도상에서 반사하는 역할을 하는 위성이었지만 전파통신 사업에 미국 정부가 개입하기 시작하면서 사업 자체가 무산되어 버렸습니다. 펜지어스는 벨 연구소가 필요 없어진 안테나를 전파망원경으로 개조하기 시작했다는 소식을 접하고 안테나 운용에 참가하기로 마음먹었습니다. 이들은 우리 은하 내에서의 고은하위도의 전파에 대한 연구를 하고 있었습니다. 은하수 평면에서 빗겨난 방향으로 날아오는 전파의 강도를 측정하기 위해선 거대하고 정밀한 전파망원경이 필요했습니다. 펜지어스는 이 안테나가 국지적인 방해전파를 차폐할 수 있는 기능을 갖추고 있으며 엄청난 크기

덕분에 높은 해상도를 자랑한다는 특성에 주목하였죠.

펜지어스와 윌슨은 벨 연구소로부터 이 전파망원경을 조작하여 연구할 수 있는 허가를 얻어 본격적인 관측에 앞서 복잡하고 민감한 기계를 정밀하게 튜닝하고 기계 장치의 특성을 이해하는 작업에 착수합니다. 이들은 일단 이 망원경의 '노이즈' 수준을 최소화하기로 하고 잡음을 일으키는 모든 원인을 제거하는 과정에 돌입합니다. 전파천문학에서의 '노이즈'는 수신하려는 전파천체로부터의 신호 패턴을 명료하게 확인하는 데 방해가 되는 무작위적인 간섭 효과를 말합니다. 지금이야 인터넷 라디오나 디지털 위성 라디오가 보편적이 되었지만 십 년 전만 해도 안테나를 달고 있는 아날로그 라디오가 주류였죠. 다이얼을 천천히 돌려 선국을 찾는 일이 여간 고역이 아니었습니다. 다이얼을 미세하게 조정하여 아무리 정확히 찾으려고 해도 '지…지…' 하는 배경 노이즈가 들리기 마련이었습니다. 어떠한 신호든지 어느 정도의 노이즈는 섞여 있어서, 노이즈보다 더 강한 목표 신호가 잡힌다면 음악을 듣는 데 큰 무리는 없었습니다. 하지만 우리나라에서 일본의 선국을 청취하려면 신호가 너무 약해 '잡음 반 소리 반'이 되고 말 겁니다. 경우에 따라서는 잡음이 너무 심해 의미 있는 소리는 전혀 들리지 않기도 하죠. 당시의 전파천문학에서도 이와 마찬가지로 멀리 떨어진 은하로부터의 신호는 상당히 약해서 신호를 수신하기에 앞서 노이즈를 최소화하는 일이 중요한 작업이 되었습니다. 잡음은 전파망원경의 구조와 증폭회로 내부에서 종횡무진 날아다니는 전자의 열운동에 의해 발생하거나 지구 대기로부터 발생하여 전파 천체로부터의 의미 있는 신호와 확실히 구별하기 어렵습니다.

펜지어스와 윌슨은 노이즈를 걸러 내기 위해 전파은하가 거의 없는 우주의 영역으로 망원경을 돌려 배치하였습니다. 그 방향으로는 신호가 없으니까 기본적인 노이즈 수준만을 따로 확인할 수 있었습니다. 펜지어스와 윌슨은 전파천체가 존재하지 않는 하늘에서도 상당한 노이즈가 검출되어 경악을 금치 못합니다. 대부분의 전파천문학자들은 전파천체로부터의 미약한 신호를 검출하는 데 열중하여 잡음 제거에는 그리 신경을 쓰지 않는 것이 보통입니다. 하지만 펜지어스와 윌슨은 해상도가 높은 측정을 위해 가능한 한 모든 수단을 동원하여 모든 노이즈를 제거하려는 무모하고도 원대한 계획을 세웠습니다.

일반적으로 전파망원경에 노이즈를 일으키는 원인은 크게 두 가지로 분류할 수 있습니다. 일차적으로 근처의 전파장치나 부근의 도시에서

발생하는 전자파입니다. 펜지어스와 윌슨은 주위 환경에서의 모든
잡음원을 찾기 위해 망원경을 이리저리 돌려 보았지만 노이즈 수준은
이상하게도 전혀 변화가 없었습니다. 하루의 어느 시점에서 어떤 노이즈가
발생하는지 알아보기 위해 시간별로 측정해 보기도 했지만 역시 변화는
없었습니다. 그렇다면 두 번째 이유인 기계장치에서 발생하는 노이즈를
잡아야 했습니다. 전파망원경은 수많은 기계와 전자장비로 이루어진
복잡한 기기입니다. 우리가 흔히 사용하는 오디오도 마찬가지입니다.
라디오 방송국에서 보내는 신호는 상당히 강력한 전파이지만 수신자까지의
거리도 있거니와 라디오 자체의 앰프와 스피커의 자석과 배선에서 발생하는
전자파 때문에 전파 신호가 현저히 교란되어 버립니다. 펜지어스와 윌슨은
전파망원경의 부품 하나하나를 알루미늄 테이프로 칭칭 감아 노이즈
신호를 없애기 위한 모든 수단을 동원하였습니다. 이들은 안테나에
둥지를 튼 비둘기와 전면전을 벌이기도 했죠. 비둘기의 배설물이 안테나에
노이즈를 일으키는 것이 아닐까 하는 가설을 세운 펜지어스와 윌슨은
덫을 놓아 비둘기를 포획하였습니다. 아무것도 모르고 본능에 따라
적당한 장소에 둥지를 튼 비둘기 두 마리는 영문도 모르고 황당한 일을
당했습니다. 펜지어스와 윌슨은 비둘기의 생명을 차마 끊지 못하고
산 채로 조심스럽게 포장하여 50㎞ 떨어진 벨 연구소 본사에 소포로

부쳐 버렸습니다. 살아 있는 비둘기가 수신한 소포에서 날아올랐으니
벨 연구소 소장님은 얼마나 가슴이 철렁했을까요? 하지만 이들은
비둘기의 귀소본능을 우습게 보았습니다. 두 마리의 비둘기는 유유히
50㎞를 넘는 거리를 날아 그리운 펜지어스와 윌슨에게로 돌아왔습니다.
다시 본능에 따라 안테나 안에 둥지를 틀었죠. 과학의 발전을 위해
펜지어스와 윌슨은 죄의식의 고통을 감내하고 소중한 생명을 엽총으로
끝낼 수밖에 없었습니다. 귀소본능은 죽음을 초래할 수도 있다는 사실이
이 이야기의 교훈이 되겠군요. 장장 1년에 걸쳐 부품에 테이프를 감고
전파 차폐막을 두르고 먼지를 청소하며 비둘기와 전쟁을 벌이는 등 여러
일들이 있었습니다만 이상하게도 어느 수준 이하로는 노이즈를 낮출 수
없었습니다. 문자 그대로 '원인 불명'의 노이즈였습니다. 24시간 내내 하늘의
모든 방향에서 원인 불명의 노이즈가 날아와 꾸준히 검출되고 있었던
겁니다.

1964년 봄, 펜지어스와 윌슨은 7.35㎝의 파장에서 모든 방향으로부터
초단파 노이즈가 수신된다는 사실을 발견합니다. 이 노이즈는 계절이
바뀌어도 낮과 밤을 가리지 않고 일정하게 수신되었습니다. 이러한 초단파
노이즈가 방향과 관련 없다는 사실은 이 노이즈가 우리 은하로부터가

아니라 우주의 훨씬 더 큰 영역에서 날아들어오고 있다는 의미였습니다. 전파천문학의 전문가가 아닌 독자라면 생소하겠지만, 어떠한 물체이든 온도를 띤다면 전파 잡음을 복사의 형태로 발생시킵니다. 온도가 높을수록 노이즈는 강하게 발산됩니다. 어느 주어진 파장에서 관측된 노이즈의 강도는 '등가온도equivalent temperature'의 형식으로 표현될 수 있습니다. 전파가 마치 온도처럼 다루어지는 겁니다. 펜지어스와 윌슨은 수신된 노이즈의 등가온도가 약 3.5K(켈빈, 절대온도)라는 사실을 확인합니다.

이 노이즈는 우주가 빅뱅 이후 확장을 시작한 때의 흔적이었지만, 펜지어스와 윌슨은 빅뱅 우주론에 있어서 가장 강력한 설득력을 쥐고 있던 검증의 증거를 전혀 이해할 수 없었습니다. 가모프의 예상에 의하면 빅뱅으로부터 약 30만 년 후 우주는 급격한 변화를 일으킵니다. 이때의 우주의 온도는 섭씨 약 3천 도 정도로 냉각되어 그때까지 자유롭게 날아다니던 전자들이 원자핵의 중력장에 끌려 들어가 안정된 형태의 원자를 만들기 시작했습니다. 우주에 충만하던 빛은 더 이상 전자나 원자핵과의 상호작용을 일으키지 않게 되었습니다. 전자와 원자핵이 서로 결합하여 전기적으로 중성을 띤 원자를 생성하면서 더 이상 활발한 상호작용을 일으키지 않는 안정된 형식을 띠게 되었기 때문입니다. 이때부터 빛은 다른 물질들로부터 어떠한 영향도 받지 않고 자유롭게 우주공간을 질주하기 시작합니다. 가모프는 시간의 흐름에 따라 우주가 확장하여 공간 자체가 늘어나면서 원초적인 빛의 파장도 함께 늘어났을 것으로 예측하였습니다. 우주가 30만 살이 되었을 때 빛의 파장은 1천 분의 1밀리미터 정도였습니다. 하지만 그 이후에도 우주는 수천 배로 확장했기 때문에 원초적인 빛의 파장은 오늘날 상당한 길이로 늘어났을 것이라 예측되었습니다. 이 정도 길이의 파장은 가시적인 빛光이라기보다는 전파의 영역에 속하죠.

빅뱅의 흔적은 전파의 형식으로 변환되어 마치 노이즈처럼 우주를 종횡무진 떠다니다가 펜지어스와 윌슨의 전파망원경에 검출되었던 겁니다. 이 노이즈를 우주배경복사cosmic microwave background radiation라 부릅니다. 우주배경복사의 존재를 긍정하느냐 아니면 전면적으로 부정하는가의 문제는 빅뱅 우주론과 정상 우주론 논쟁에 있어서 결정적인 평가 기준이었습니다. 우주배경복사의 존재 자체가 우주 초기에 빅뱅이 있었음을 간접적으로 증명하는 움직일 수 없는 증거였기 때문입니다. 우주배경복사가 존재한다면 정상 우주론은 그릇된 가설이라는 반증이 되고 말 것이었습니다. 우주배경복사의 존재는 1940년대에 이미 예측되었지만 1960년대에 들어서자 과학계는 이 문제를 완전히 망각하고

마르틴 슈미트Maarten Schmidt

I4I

말았습니다. 펜지어스와 윌슨이 자신들이 검출한 전파 노이즈와 빅뱅 우주론을 즉각적으로 연관시키지 못한 것도 무리가 아니었죠. 하지만 이들은 평범한 천문학자들이 아니었습니다. 완벽주의자들답게 정체불명의 전파 노이즈의 정체를 찾기 위해 몰두합니다. 1964년 말 몬트리올 천문학자 회의에 참석한 펜지어스는 MIT의 버나드 버크Bernard Burke와의 대화 중에서 자신의 기묘한 발견에 대해 지나가는 말로 언급하였습니다. 당시엔 별로 중요하게 생각지 않았던 버크였지만 프린스턴 대학의 우주론 연구자 로버트 디키Robert Dicke와 제임스 피블스P. J. E. Peebles의 논문 초고를 심사하던 중 이들이 우주배경복사의 존재를 예견하며 우주 초기엔 상당히 짧은 복사파였지만 오늘날에는 모종의 전파 신호로 검출될 것이라는 주장을 발견합니다. 버크는 카네기 연구소의 켄 터너Ken Turner에게 펜지어스와 윌슨의 노이즈 이야기를 전했고, 터너는 프린스턴 대학의 피블스의 강연에 대해 설명해 주었습니다.

1964년 프린스턴 대학의 실험물리학자였던 디키는 '우주 초기 단계에서 살아남은 관측 가능한 복사가 오늘날의 우주에도 존재하지 않을까'라는 기발한 생각을 떠올렸습니다. 디키는 동료였던 윌킨슨과 롤을 동원하여 물리실험실 지붕에 자그마한 안테나를 설치하고 귀를 기울입니다.

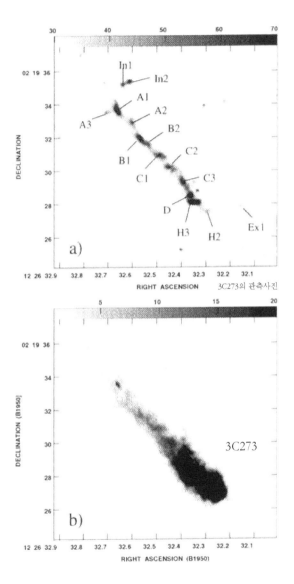

3C273의 관측사진

하지만 어째서였는지 모르지만 노이즈를 검출하는 데 실패하고 보다
큰 전파망원경을 섭외하는 준비에 들어갑니다. 디키의 아이디어를 접한
피블스는 이에 관한 구체적인 이론을 구축하려 시도합니다. 피블스는
1965년 3월의 논문 초고를 기반으로 초기 우주로부터 등가온도 약
10K의 전파 잡음이 오늘날까지도 남아 있으리라 추정하고 있었던 겁니다.
피블스는 만약 우주의 처음 몇 분 동안에 강한 배경복사가 없었다면
핵반응이 대단히 빠르게 진행되어 그 당시 존재했던 수소 중 상당 부분이
더 무거운 원소로 합성되었을 것이고, 그렇다면 이것은 현재 우주의 약
4분의 3이 수소라는 사실과 모순된다고 생각했습니다. 피블스는 핵이
형성되는 과정에서 이들을 분해시키는 엄청난 등가온도의 복사가 우주에
가득했을 것이라 추정하였습니다. 따라서 수소가 이렇게 많은 양으로
살아남을 수 있었다는 것이죠. 이 복사는 이후에 이어진 우주팽창에 의해
지워지지 않고 잔존할 수 있었지만 우주의 크기에 반비례하여 등가온도가
하강할 수밖에 없었을 겁니다.

하지만 문제는 피블스가 이 복사의 등가온도를 10K로 예측하고 있었다는
점입니다. 1948년 가모프와 앨퍼, 허먼은 이미 우주배경복사의 존재를
예견하고 약 5K으로 예측하고 있었던 것이죠. 1964년 구소련의

야 젤도비치Ya B. Zeldovich와 영국의 호일도 이와 비슷한 추정치를 내놓은 바 있었습니다. 그러나 이들의 연구는 전파천문학자들에게는 전혀 알려지지 않았고 추정치만 존재할 뿐 전혀 관측되지 못했습니다. 디키와 피블스는 15년 전인 1948년 가모프가 우주배경복사를 예측하였다는 사실을 전혀 모른 채 몇 년에 걸친 독자적인 연구를 통해 우주배경복사의 존재를 다시 언급하고 있었습니다. 더욱이 벨 연구소의 펜지어스와 윌슨이 이미 우주배경복사를 발견하였다는 사실도 까맣게 모른 채 우주배경복사에 관한 연구를 계속해 왔으며 심지어 우주배경복사 검출을 위한 거대한 전파망원경의 구축을 계획하고 있었습니다.

버크의 전화를 받은 펜지어스와 윌슨은 그제서야 자신들이 검출한 이상한 노이즈가 얼마나 중요한 발견인가를 깨달았습니다. 디키와 피블스는 자신들의 오랜 연구가 수포로 돌아가는 좌절을 경험할 수밖에 없었습니다. 1965년 펜지어스와 윌슨은 자신들의 연구 결과를 《아스트로피지컬 저널Astrophysical Journal》(천체물리학보)에 정식으로 발표합니다. 펜지어스와 윌슨은 '4080Mc/s에서의 초과 안테나 온도의 측정'이라는 제목으로 그들의 발견을 담담하게 설명합니다. 논문은 관측된 노이즈의 동조 주파수는 4080Mc/s이며 7.35㎝의 파장에 해당한다는 결과를 제시하며 우주론에 대한 언급은 일체 피하고 있습니다. 이들은 자신들의 발견만을 언급할 뿐 우주론적인 의미는 디키와 피블스에게 위임하는 실험천체물리학자의 전형적이고 겸손한 태도를 거두지 않았습니다.

디키와 피블스도 패배감에 이를 악물고 자신들의 연구결과를 《천체물리학보》에 발표합니다만, 이들의 이론적 연구는 펜지어스와 윌슨의 발견의 의미에 묻혀 버려 모든 상찬과 기립박수는 자신들을 향하고 있지 않다는 쓰디쓴 사실을 삼켜야 했습니다. 그러나 펜지어스와 윌슨이 우주배경복사 발견의 영광을 모두 가져가 버린 결과이지만, 저는 디키와 피블스의 연구도 찬사를 받아 마땅한 훌륭한 업적이라고 생각됩니다. 디키와 피블스는 이론을 모두 가지고 있었지만 관측 데이터를 가지고 있지 않았고 펜지어스와 윌슨은 데이터는 가지고 있었지만 그 의미를 알려주는 이론은 가지고 있지 못했습니다. 두 팀의 독자적인 연구는 완벽하게 상보적인 결과를 도출하여 하나의 통합적 성과를 이룹니다. 하지만 디키와 피블스가 수십 년 전의 가모프, 앨퍼, 허먼의 연구를 참조하지 않았다는 사실은 간과할 수 없는 실수였습니다. 과학계의 명성과 영광은 언제나 선착순이기 때문이죠.

펜지어스와 윌슨

빅뱅 우주론은 우주배경복사가 존재하며 오늘날 이 파장이 어떻게 검출될 것인가를 정확하게 예측하고 있었습니다. 이에 비해 정상 우주론은 우주배경복사에 대해 어떠한 예측과 설명도 할 수 없었습니다. 정상 우주론은 아예 우주배경복사의 존재를 허용하고 있지 않았습니다.

따라서 앞서 언급하였듯이, 우주배경복사의 발견은 우주가 오래전에 엄청난 대규모 폭발을 일으키며 시작되었다는 주장을 증명하는 결정적인 증거로 간주될 수 있었습니다. 우주배경복사는 허블의 우주확장 발견 이래 천문학 역사상 가장 중요하고 위대한 발견이라 할 수 있습니다. 하지만 펜지어스와 윌슨의 발견은 우연에 기대고 있습니다. 우주배경복사는 충분히 감도와 해상도가 높은 전파망원경이 완성되면 언제든지 '누군가'에 의해 발견될 운명이었습니다. 디키와 피블스가 계획하던 전파망원경이 가동되기만 했다면 우주배경복사는 쉽게 발견될 수 있었기 때문이죠. 그 '누군가'가 펜지어스와 윌슨이었을 뿐입니다. 그러나 상황을 달리 보면 당시의 대학연구소나 기업연구소는 어디나 상당한 해상도의 전파망원경을 가지고 있거나 업그레이드 중이었습니다. 어째서 펜지어스와 윌슨이었을까요? 이들의 발견은 단순히 우연으로 치부할 수 없다고 생각됩니다. 물론 정밀한 하드웨어를 갖추는 건 필수조건이었겠지만, 전파망원경의 부품을 차폐 테이프로 감고 비둘기와 작은 싸움을 벌이며 노이즈 제거를 위한 모든 수단을 동원하여 우연히 발견한 관측을 그저 일반적인 오류라고 치부하여 버리지 않고 그 이유를 고민하고 해결 방법을 찾기 위해 수많은 전문가들에게 조언을 구하려 했습니다. 이들은 '어쩐지 이상한 현상'을 패러다임 이동의 시발점인 '이상 현상'으로 다루었습니다. 펜지어스와 윌슨의 시대보다 훨씬 전인 1955년 프랑스의 에밀 라르와 1957년 우크라이나의 티그람 슈마오노프도 펜지어스와 윌슨처럼 우주배경복사의 신호를 검출하였습니다만, 이들은 검출된 신호를 허용 범위 내의 장치 결함으로 간주하고 애써 무시해 버렸습니다. 이들에게는 결여되어 있던 덕목인 강고하고 단호한 결의와 끈기, 인내를 펜지어스와 윌슨은 갖추고 있었으며, 이 차이가 행운의 여신이 이들에게 미소를 보낸 이유였습니다. 발견으로부터 14년 후 1978년에 이르러 노벨상을 수상한 펜지어스와 윌슨은 수상 연설에서 빅뱅 우주론의 구축에 공헌한 아인슈타인, 프리드먼, 허블, 르메트르, 가모프, 알파, 허먼, 호일 등으로 이어지는 이론 기반의 선구자들의 업적을 기리며 빅뱅 우주론의 개발 역사를 개괄하였습니다. 다름 아닌 빅뱅 우주론의 승리의 포효였죠.

우주배경복사

펜지어스와 윌슨이 우연히 발견한 빅뱅 우주 탄생의 메아리를 포착한 플랑크 위성 이미지입니다.
우주의 등방성과 평탄성, 그리고 미세한 시공의 주름이 모두 표현된
우리 우주 전체의 지도라고 해도 과언이 아닐 것입니다.
가모프의 빅뱅 가설과 구스의 인플레이션 우주론이 한 장의 우주배경복사 이미지로
아름답고 우아하게 설명됩니다.

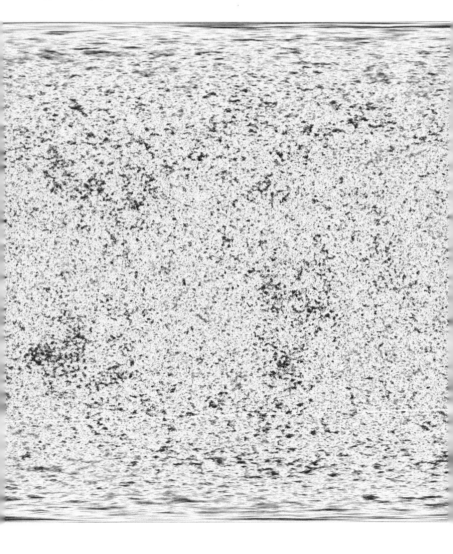